DAVINCI HAUS – Die Ästhetik anspruchsvollen Wohnens

DAVINCI HAUS
Die Ästhetik anspruchsvollen Wohnens

© August 1992 by vwi Verlag Gerhard Knülle GmbH, 8036 Herrsching (Hrsg.)
im Auftrag der Planen-Bauen-Wohnen GmbH, 5241 Elben/Ww.

Printed in Germany

Das Werk ist urheberrechtlich geschützt.
Die dadurch begründeten Rechte, insbesondere die der Übersetzung, des Nachdrucks, der
Entnahme von Abbildungen, der Funksendung, der Wiedergabe auf fotomechanischem
oder ähnlichem Wege und der Speicherung in Datenverarbeitungsanlagen bleiben, auch bei
auszugsweiser Verwendung, vorbehalten.

Idee und Gesamtgestaltung: vwi Werbung GmbH, Herrsching
Planen-Bauen-Wohnen GmbH, Elben/Ww.

Bildautoren: Christof Piepenstock, Klaus Kampert, Anselm Spring
Illustrationen: Georg Gebert
Redaktion des historischen Teils: Volker Fleck M.A., Michael Welker M.A.

Satz: vwi Werbung GmbH, Herrsching
Lithos: ELEX-Litho, Wiesbaden
Druck: Color Offset, München
Bindearbeiten: Conzella, Pfarrkirchen

ISBN 3-88369-139-9

DAVINCI HAUS® DAVINCI HAUS ist ein eingetragenes Warenzeichen
(Rollen-Nr. 20 20 864) der
Planen-Bauen-Wohnen GmbH, Postfach 100, D-5241 Elben/Ww.

Inhalt

7 Vorwort

8 Die Idee des „Offenen Wohnens"

22 Das Fachwerk als Systembau

37 Gemeinsam in den Morgen

49 Arbeiten zu Hause

61 Verregneter Sonntag

73 Gartenfest

85 Feierabend

97 Die Fotografen

Vorwort

Ziel des vorliegenden Buches ist es, ein Gefühl vom Wohnen zu vermitteln, wie wir es in der heutigen Zeit neu entdeckt haben. In einer Umgebung, die den modernen, aber auch natürlichen Ansprüchen gerecht wird; in einem Ambiente, das sich den Wünschen und Vorstellungen der Bewohner anpassen kann. Und dennoch in einem Umfeld, das sich in keiner Weise mit anderen vergleichen will.

Die Rede ist von einem Baustil, der sich nur durch jahrzehntelange Erfahrung zu dem entwickeln konnte, wie er heute ist. Wir sind stolz, Ihnen eine Wohnidee vorstellen zu können, die richtungweisend für einen neuen, exklusiven Lebensstil steht, der eigentlich nur mit dem Begriff des „Offenen Wohnens" umschrieben werden kann. Wir nennen unser Haus DAVINCI HAUS.

Anton Hammer, Geschäftsführender Gesellschafter der PBW GmbH

Die Idee des „Offenen Wohnens"

Die moderne Architekturgeschichte geht davon aus, daß zu jeder Zeit alles machbar war. Doch war zu keiner Zeit alles Denkbare auch möglich, um es für das Gros der Menschen einzusetzen. Vieles wurde schon im Planungsstadium beendet, was wenige Jahrzehnte später allein durch modernere Techniken erbaut werden konnte. Zum Beispiel war und ist der allgemeine Wohnungsbau stärker an Traditionen gebunden als die Bauaufgaben für Repräsentationszwecke.

Um eine Vorstellung vom „Offenen Wohnen" zu finden, muß man nicht durch die Jahrhunderte der Architekturgeschichte gehen. Es würde ausreichen, sich an der Entwicklung der letzten 100 Jahre zu orientieren. Doch das, was hier am interessantesten erscheint, ist die Tatsache, daß der Wunsch bleibt, sich mit der Natur in Einklang zu befinden – selbst nachdem der Mensch anfing, feste Häuser, Städte und Metropolen zu bauen.

In keinem Lexikon ist der Begriff des „Offenen Wohnens" erläutert, in keinem kulturgeschichtlichen Werk explizit angesprochen.

Dennoch lassen sich Beispiele für eine Art „Offenen Wohnens" finden. Anhand von eindrucksvollen Baudokumenten aus der klassischen Kunstgeschichte läßt sich skizzenhaft zeigen, wie die Idee des „Offenen Wohnens" verstanden werden kann: die folgenden 24 Seiten zeigen meines Erachtens Beispiele, die in ihrer Art den Gedanken des „Offenen Wohnens" aufnehmen und umsetzen – großenteils wirken sie sogar stilbildend auf die Entwicklung des Wohnens bis in unsere heutige Zeit ein.

Volker Fleck M. A., Kunsthistoriker,
München, August 1992

Als frühe Beispiele einer offenen Wohnstruktur lassen sich die Atrium-Bauten der römischen Kaiserzeit oder sogar noch früher die Peristyl-Häuser des Hellenismus aufführen. Beides sind Wohnhäuser, die sich rechteckig um einen Innenhof gruppieren.

Die Graphik zeigt in idealisierter Weise ein griechisches Wohnhaus aus vorchristlicher Zeit. Der innen geöffnete Rechteckbau war in diesem Falle sowohl Wohnbau als auch Kaserne für die Mannschaften eines Stadttores.

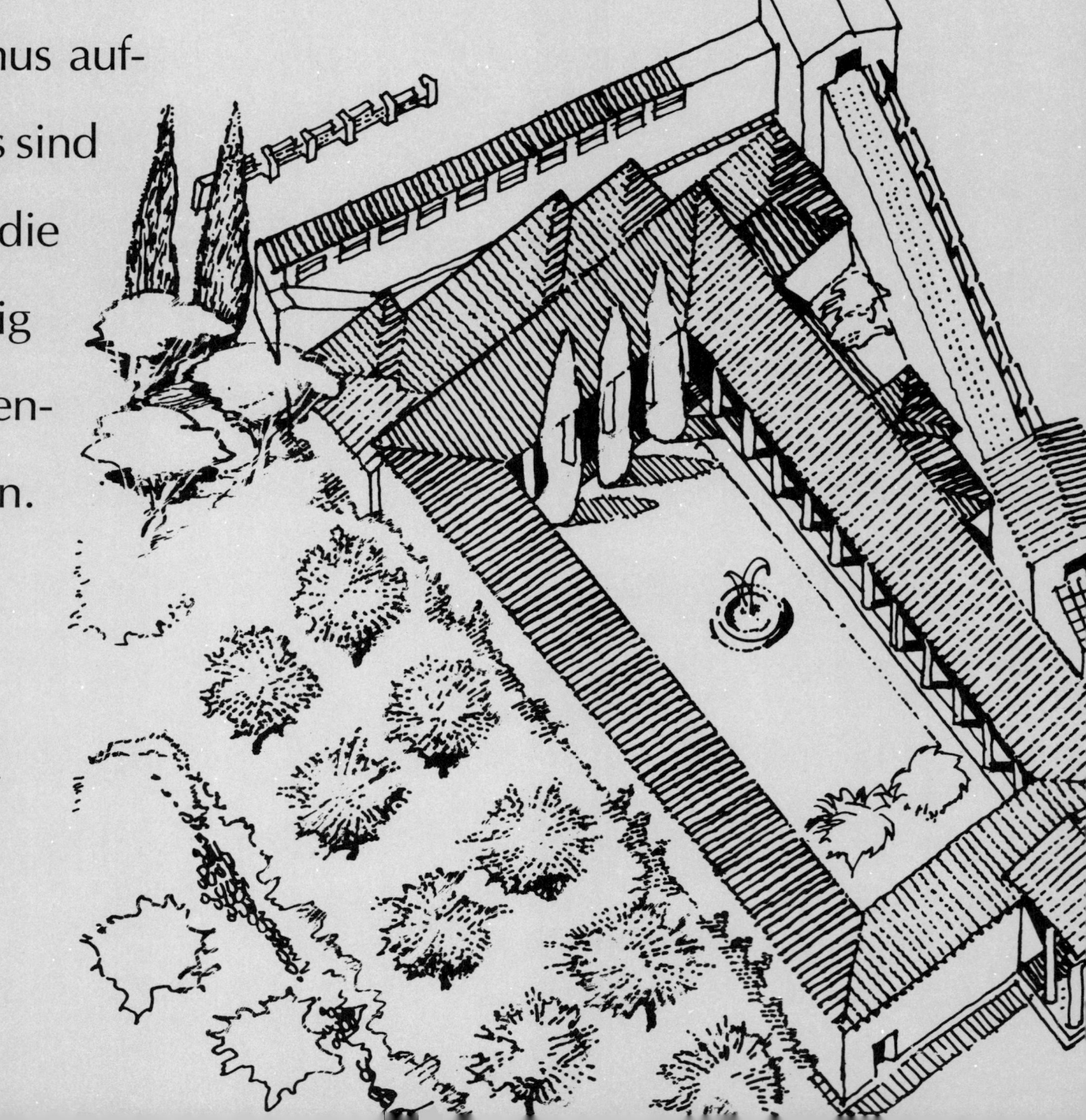

Die geschlossene Einheit der Außenwände ist notwendig, um sich vor Eindringlingen zu schützen. Um dennoch die Natur in das Wohnen mit einbeziehen zu können, öffnet sich die Bauform zum Innenhof: rings herum gruppieren sich Säulengänge oder Wandelhallen – in der Mitte des Hofes befindet sich meist ein Brunnen, der durch Regenwasser gespeist wird. Der offene Himmel ist dabei von jedem Wohnraum aus zu sehen. Besonders hervorzuheben ist die Symmetrie des Rechteckbaus, die zwei grundlegende Typen ausprägte: einen dreiseitig geschlossenen, sogenannten Antenbau, und die von allen vier Seiten geschlossene Bauweise, die die Architektur sowohl im Sakralbau als auch im profanen Bereich beherrschten.

Unzweifelhaft sind die wohlproportionierten Innenhöfe der italienischen Renaissance-Paläste und Stadtresidenzen, wie sie in Florenz, Rom und in allen größeren Städten zu sehen sind, ein typisches Beispiel dafür, wie sich die Renaissance-Architekten nicht nur um die reine Wohnfunktion bemühen. Gartenanlagen gliedern sich optisch an die Wohnanlage an und bestimmen somit zum Teil auch die Bauform. Das vordringliche Merkmal ist dann das Geöffnete, das Freie

Die Ansicht des Palastes Giulia in Rom. Er wurde in einem Villenbezirk erbaut, dessen Bezugspunkt eine Quelle war. Das Halbkreismotiv der Gartenfront orientiert sich nach der Lage dieser Quelle.

und Transparente der Gartenfront, die im Gegensatz zur Vorderseite eines Palastes weniger den Repräsentationszwecken dienen mußte. Auf der Gartenseite kann dem Wunsch nach einer Öffnung zum natürlichen Umfeld besser nachgegeben werden. Das Hauptmerkmal dieser privaten Seite war nicht mehr die gedrungene Bauform, sondern das schwingungsvolle Ineinandergreifen der Einzelformen von Gebäude und Natur. Gerade hier wird die Gartenanlage mit ihren Wegen in die gesamte Baustruktur miteinbezogen.

In der weiteren Entwicklung der Palazzi zeigt sich, daß auch auf die Hauptfassade Bauformen übertragen werden, die die massive Wandstruktur deutlich reduzieren. Dem Wunsch nach geöffneten Einheiten wird entsprochen.

Luftige Kolonnaden im Erdgeschoß, Loggien und Balkone darüber, dienen somit nicht mehr nur der Gliederung der Fassade.

Entwicklungsgeschichtlich verbinden sich in unserem Beispiel die Bautraditionen des Umlandes von Venedig mit den Architekturmotiven Roms.

Die Balkone und Balustraden an den Palästen machen den Innenraum zudem weniger geschlossen und undurchdringlich; so wird der Bewegungsspielraum im Inneren zum einen erweitert und zum anderen außen das Blockhafte der Wandeinheit aufgebrochen. Es entsteht eine Art von Vorhang, der der eigentlichen Grundstruktur des Hauses vorgelagert ist. Wie die Gartenfront einer Landvilla kann sich so der Charakter des Hauses der offenen Struktur des freien Platzes zeigen.

Hier ist die Straßenfront eines Stadtpalastes wie die Gartenseite einer Landvilla behandelt. Die auffallende Tiefenstaffelung schleift zudem die Trennung von Innen- und Außenbereich.

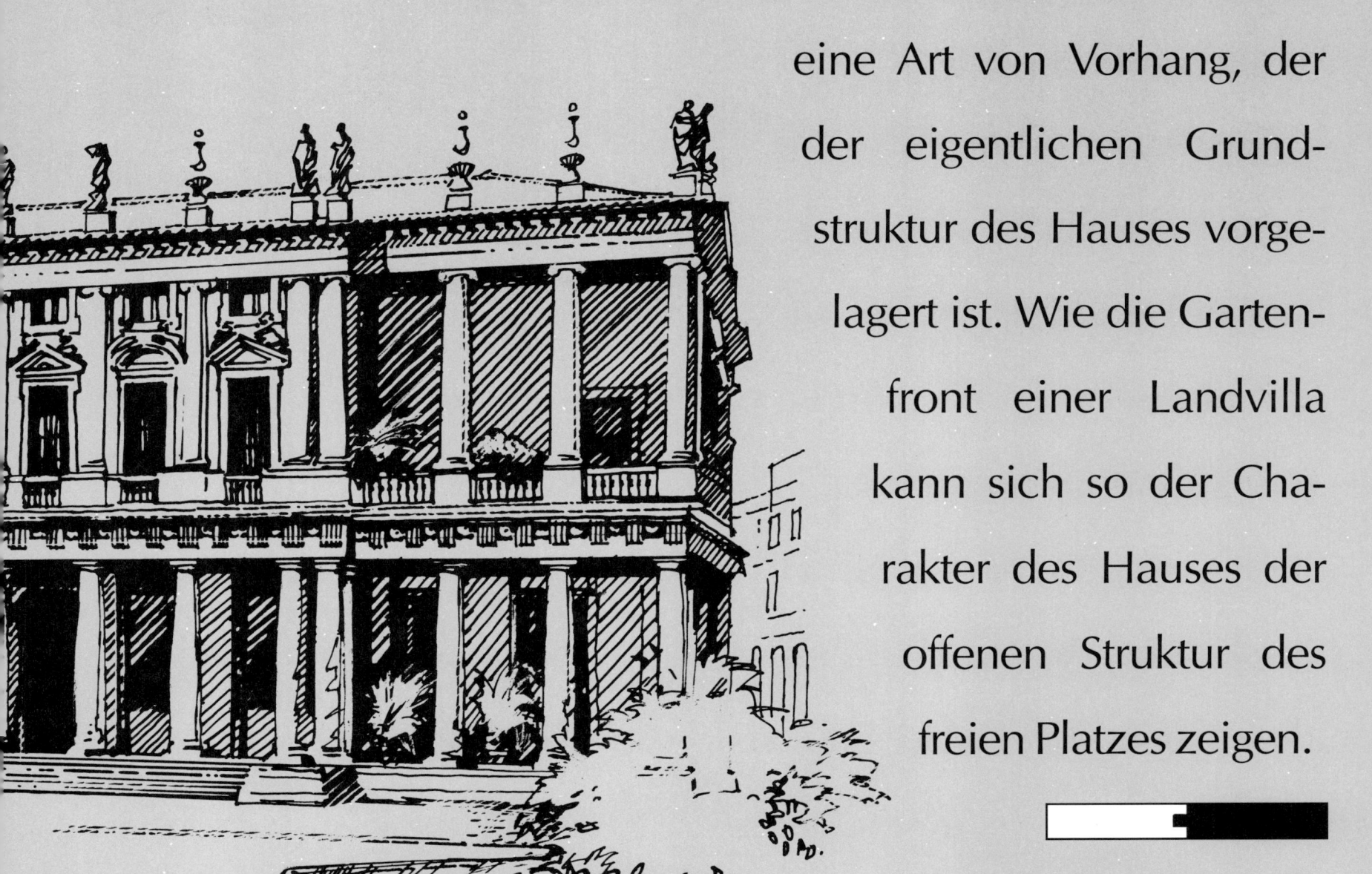

Am Stil der Villa läßt sich das Bestreben nach offenem und freiem Wohnen wohl am besten ablesen. Zuerst ist die Villa nur ein einfaches Haus auf dem Lande. Im Laufe des 16. Jahrhunderts entwickelt sie sich aber immer mehr zu einem Repräsentationsbau, gleichzeitig auch zum herrschaftlichen Landsitz. Aus der Enge der Stadt zieht es den Bauherrn in die Natur, um dort seine Vorstellungen vom Wohnen verwirklichen zu können. Nicht allein, daß der Gartenbau zu dieser Zeit eine hohe Kunst wurde, auch die Architekten selbst beschäftigten sich mehr

Der Baustil, den der Architekt Palladio im 16. Jahrhundert prägte, war maßgebend für die weitere Entwicklung des Landhauses in ganz Europa. Seine Formensprache läßt sich bis in die heutige Zeit verfolgen.

mit der Lage des Baugrundes und der umliegenden Landschaft. Das Beispiel dieser Villa zeigt, daß weit ausladende Seitenbauten wie Arme ausgreifen und große Terrassen hinterfangen, die in den Garten mit einbezogen sind. Die Trennung zwischen Bauform und Gartenlage scheint somit aufgehoben zu sein. Aus der italienischen Villa lassen sich viele Baustile ableiten. So ist gerade der französische Schloßbau und das französische Stadthotel in direkter Linie zu den Erfindungen der großen Renaissance-Architekten zu sehen.

Überall dort, wo die Urbanisierung viele Menschen auf engem Raum zusammenbrachte, entstanden Hausformen, die sich den Gegebenheiten anpassen mußten. Dabei spielten nicht nur die Größe der Grundstücke, sondern auch ihre Lage an Plätzen oder an Hauptstraßen eine Rolle. Auch die Funktion und der Anspruch der Häuser als Mietshaus oder Kommunalbau, als Bürgerhaus oder Stadtresidenz prägte die jeweilige Bauform. Teils sind diese Häuser den Palästen der Adeligen sehr ähnlich oder sie sind von der traditionellen

Art der Bauernhäuser her abzuleiten. Je nachdem, auf welcher Tradition die Bauform beruht, läßt sich die Tendenz zu großflächigem und großzügigem Wohnen feststellen. Das Bedürfnis nach weiten Sälen war nicht allein den Ratsherren in ihren Bürgerhäusern eigen. Auch Handwerker und Kaufleute schätzten die Halle im Erdgeschoß ihres Hauses. Weniger im privaten Hausbau als im öffentlichen Bereich wird die Struktur des italienischen Innenhofes mit umlaufenden Galerien übernommen.

Gerade die historischen Hallenhäuser im Norden Deutschlands sind eindrucksvolle Beispiele, wie auf wenig Raum offene Strukturen gebaut werden. Rathäuser, Patrizierhäuser und Bürgerhäuser stehen sich dabei ebenbürtig gegenüber.

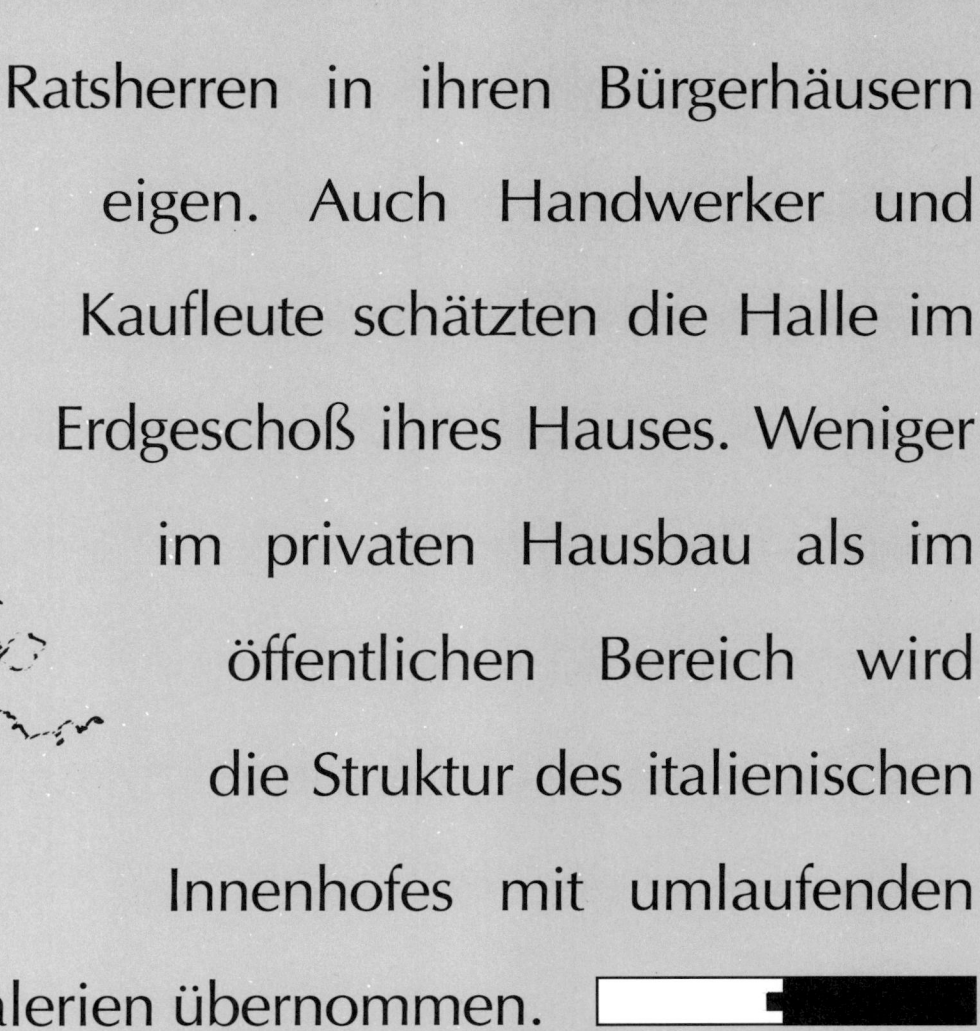

Die industrielle Revolution führte, zuerst in England, verstärkt zu einer Überbevölkerung der Städte; in den Ballungszentren wurden schnell Arbeitersiedlungen erbaut, die die vielen Menschen aufnehmen sollten. Eintönig und von geradezu abstoßender Häßlichkeit, waren es diese Siedlungen, die eine Reform des Wohngedankens herbeiführten.

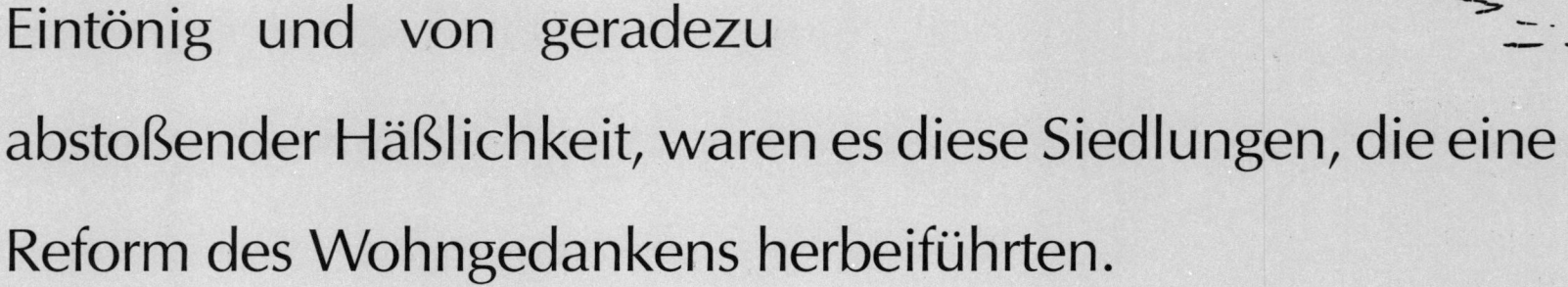

Architekten und Theoretiker nahmen sich des Problems an und forderten eine Umstrukturierung des Wohnbaus zum „besseren Wohnen" hin. Statt der trostlosen Arbeiterkasernen sollten menschenwürdige Wohnungen entstehen.

Dabei war der Typus des englischen Landhauses Vorbild für die neu entworfenen Siedlungsbauten. Die private Atmosphäre, das individuelle Gestalten und die Einfühlung in die Umgebung waren die wichtigsten Punkte, die aus der Tradition dieser Landhäuser zu übernehmen waren. Um die Wende des 20. Jahrhunderts entstanden so die typischen englischen Gartenstädte zwischen Grünanlagen. Aufgelockert plaziert, zwischen Bäumen und Sträuchern, waren gesunde und helle Wohnungsbauten entstanden.

Vieles, was den Charme eines Landhauses ausmacht, wurde bei der Entwicklung der Gartenstädte übernommen: der „englische Garten" erlaubt phantasievolleres Gestalten als die Strenge der französischen oder italienischen Gartensymmetrien.

Das Fachwerk als Systembau

Wenn man vom Fachwerk spricht, denkt man unwillkürlich an die romantisch anmutenden Wohnhäuser deutscher Städte, an malerische Häuserzeilen und Plätze, an enge Gassen, an Brunnen und an Torbögen. Dieses gesamte Erscheinungsbild wird wesentlich durch die Fachwerkbauten geprägt, deren Tradition aus dem Holzbau kommt.

Es handelt sich beim Fachwerk um eine Gerüst- oder Skelettbauweise, die durch die Verteilung von Stütz- und Trägersystemen die Lasten geschickt aufnimmt und verteilt; die Ausfachung übernimmt dabei keinerlei tragende Funktion. Typisch für das ursprüngliche Fachwerkhaus sind, bedingt durch die statische Notwendigkeit, die offenliegenden, engstehenden Streben-, Stützen- und

Mittelalterliche Fachwerkhäuser können in ihrer Art bereits als Systembauten bezeichnet werden, die mit den natürlichen Materialien Holz, Lehm und Backstein optimal das Problem der Statik gelöst haben.

Balkensysteme. Das offenliegende Fachwerk findet aus Konstruktions- und oft aus ästhetischen Gründen seine Wiederholung in den kleinteiligen Stab- und Strebefenstern. Obwohl sich diverse Stilrichtungen des Fachwerkbaus ausmachen lassen, ist die statische Bauweise immer die gleiche. Das oft komplizierte Stützensystem aus Holz läßt dabei kaum Raum für großzügige Wandflächen.

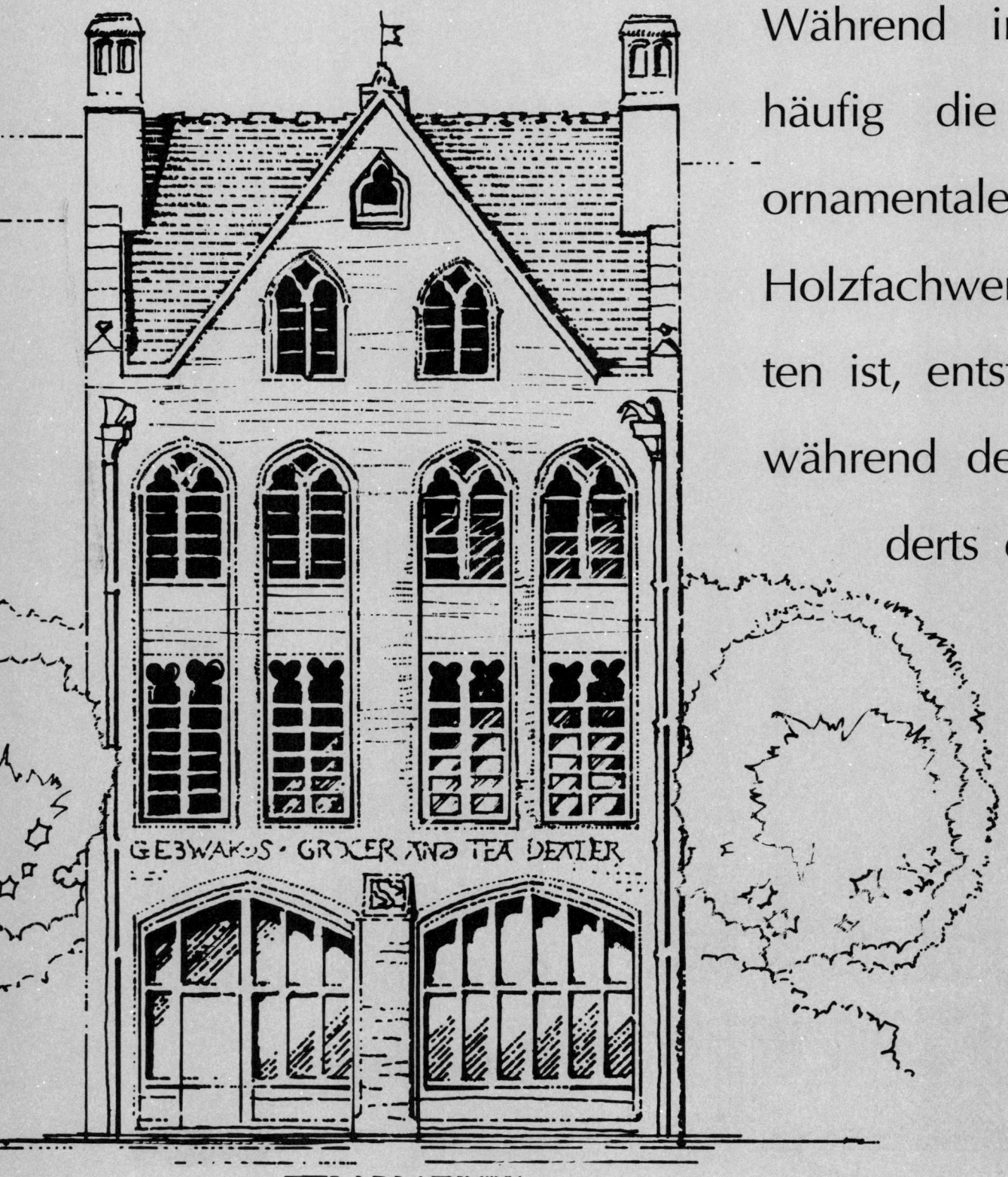

Während in Deutschland häufig die schmückende ornamentale Ausbildung des Holzfachwerks zu beobachten ist, entsteht in England während des 17. Jahrhunderts ein Baustil, der die Enge und Gedrängtheit des ursprüng-

Obwohl die Fensteröffnungen noch die Kleinteiligkeit der Stab- und Strebefenster zeigen, wird hier der Versuch deutlich, durch übergreifende Formensprache einen großzügigen Wandaufbau zu erhalten.

lichen Fachwerkbaus überwinden will, um die kleinteiligen Wandstrukturen aufzulösen. Hierzu werden zum Teil Systeme und Materialien neu erprobt, um die Vergrößerung der Wandflächen zu erhalten. Nicht mehr allein Holzfachwerk ist dabei das Grundgerüst. In Verbindung mit dem Backsteinbau werden neue Trägersysteme wie Bögen und Pfeiler eingesetzt, um die großflächigen Strukturen zu ermöglichen. Die Skelettbauweise erlaubt dabei dem Planer unter Verwendung diverser Materialien eine freiere Planung in der Gestaltung sowohl des Grundrisses als auch des Wandaufbaus. Übergreifende Systeme gliedern nicht nur die Wandeinheit, sondern bilden ähnlich wie beim Fachwerk das statische Gerüst. Die Stützen werden nicht mehr direkt gezeigt, dennoch sind sie als ästhetische Gliederungselemente sichtbar.

Das 19. Jahrhundert griff gerne auf die Bauformen des klassischen Skelettbaus der Gotik zurück. Es war aber nicht allein eine Entscheidung für Stilmotive, sondern vielmehr eine technische Forderung. Um große Gebäude erstellen zu können, entsann man sich auf die Technik des Kathedralbaus mit seinen Strebepfeilern und Stützensystemen. Große Lasten konnten damit getragen werden, und vor allem: man konnte höher bauen, als es bislang üblich war. Durchgehend bis unter das Dach aufgemauerte, wuchtige

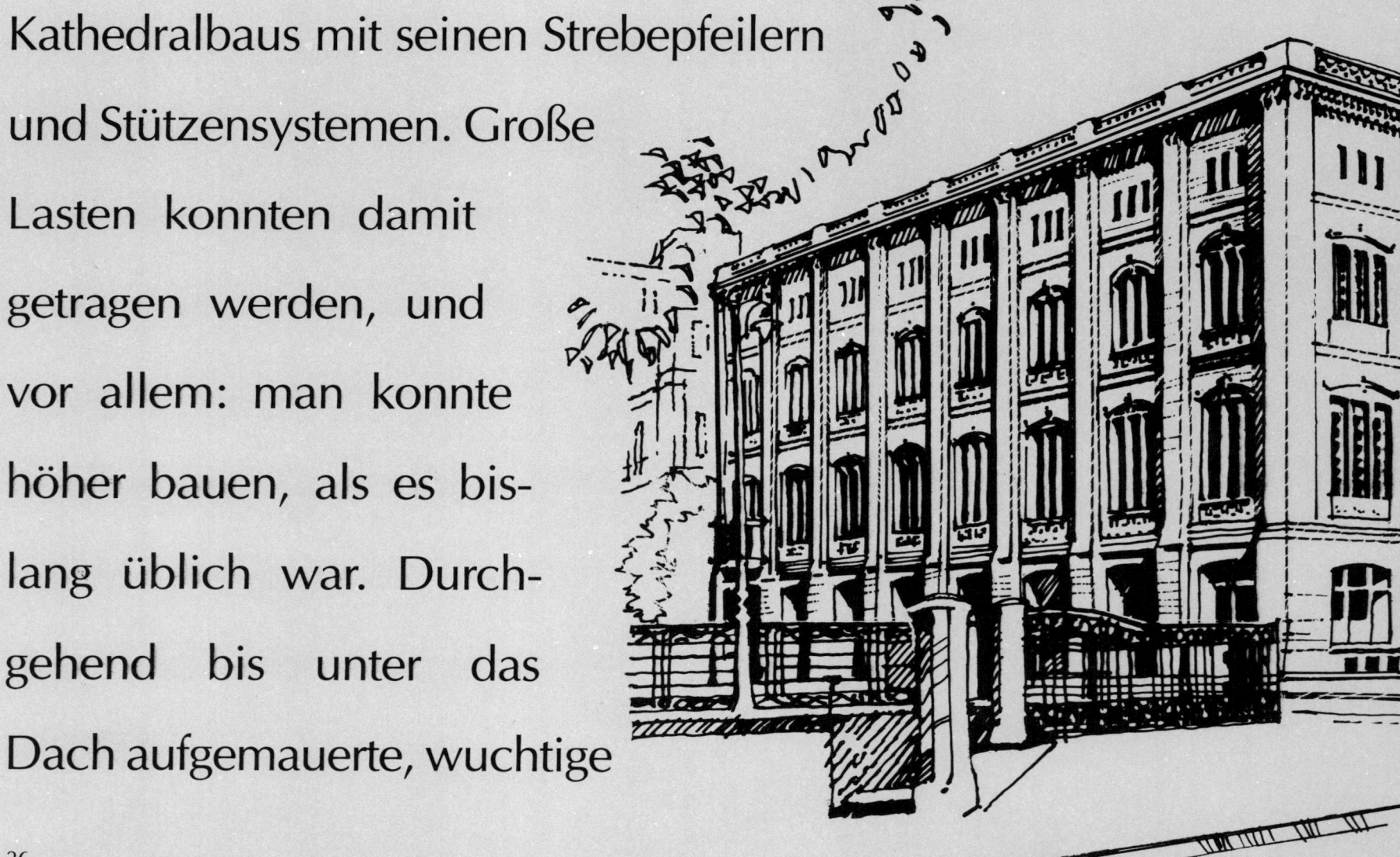

Pfeiler bilden das Grundskelett des gesamten Bauwerks. Zwischen diesen massiven Strebepfeilern, die untereinander zuerst nur mit Eisenankern verbunden waren, lassen sich die weiten Fensteröffnungen aussparen, so daß einheitliches Licht in den einzelnen Räumen herrschte. Die klare und rationelle Gliederung der Wand- und Fensterflächen entsteht aus dem Zusammenspiel von tragenden Teilen und variabel zu behandelnden Füllelementen. Der Hochhausbau hat hier seinen Ursprung, wo sich ein Stützensystem aus dem Mittelalter mit modernen Materialien optimal verbindet.

Basierend auf der kubischen Grundform bilden Pfeiler die Stützen, zwischen denen Wandeinheiten aufgemauert werden konnten: ein technisches Verfahren, das dem des Fachwerks entspricht.

Die Zeit der Industrialisierung förderte durch neue Aufgaben einen Bautypus, der sich durch konstruktive Klarheit und funktionelle Korrektheit auszeichnete: der Eisenskelettbau begründete die Tradition des technischen Bauens mit seiner eigenen Ästhetik.

Riesige Hallen aus Stahl und Glas: Die Zeit des Funktionalismus und auch der Glaspaläste ist ohne ein hochentwickeltes, aber auch kostengünstiges Träger- und Stützensystem nicht denkbar.

Die Architekten und Ingenieure waren erstmals gemeinsam an der Entwicklung und Ausführung solcher Bauprojekte beteiligt.

Vorgefertigte Bauelemente aus Stahl, Eisen, Beton und Glas werden eingesetzt, um Fabrikationshallen, Bahnhöfe und Ausstellungspaläste zu erstellen. Denn gerade diese Systembauweise erlaubte vielfältige Grund- und Aufrißformen; so konnten zum Beispiel mit dieser Technik unterschiedliche Geschoßhöhen geplant und ausgeführt werden.

Alle „Wandeigenschaften" wurden zudem durch den Einsatz von Glas auf ein Minimum reduziert. Das Stützensystem betonte nicht mehr seine tragende Funktion, sondern integrierte sich optisch in die Gesamtheit des Baukörpers.

Gleichzeitig mit dem Entstehen der neuen Techniken entwickeln sich auch neue Formen des Einzelhauses und des Einfamilienhauses wie Bungalow, Cottage und Reihenhaus. Vor allem in Amerika wird der Systembau von Architekten aufgenommen und verfeinert. Die Lösung schwierigster statischer Zusammenhänge erlaubt dabei individuelle Planung und freien Umgang mit den diversen Materialien. Staffelungen, Auskragungen und das Aufbrechen des Bauvolumens gehören zu den vielfältigen Raumformen, die aufgrund dieser Konstruktionsweise

Der Amerikaner Richard Joseph Neutra war einer der Architekten, die früh den flächigen Stil des Systembaus auch im privaten Hausbau als Gestaltungsmittel einsetzten.

erschlossen werden konnten. Viele verschiedene Grundriß-typen sind auf der Basis vorgefertigter Teile möglich, aber auch die Einpassung in verschiedenartige Landschaften. Treppenbauten sind eindrucksvolle Beispiele für die Konstruktionsbemühungen um eine Integration der Natur mit dem Haus. Vor allem private Bauherren ließen sich immer mehr von den Einsatzmöglichkeiten der Skelett- und Systembauweise überzeugen, da die Raumaufteilung im Inneren der Wohnhäuser freier und großzügiger zu gestalten war.

Traditionsreiches Handwerk und zukunftsorientiertes Planen lassen Planern und Bauherren immer mehr Möglichkeiten, den eigenen Wünschen und Bedürfnissen entsprechend zu bauen. Aus dem Skelett- und Systembau gewonnene Erkenntnisse der Statik ergeben zusammen mit den Erfahrungen auf dem Gebiet des tradierten Fachwerkbaus eine optimale Verbindung. Anstelle von Stahl und Beton ist es möglich, natürliche Baumaterialien zum Einsatz zu bringen, um individuelles Bauen zu verwirklichen. In einer Art freier Skelettbauweise entstanden so unter Anleitung berühmter Architekten wie Sumner und Green im Süden Amerikas

Auf appliziertes Dekor kann bei einer Bauform verzichtet werden, die auf die Tradition der Holzbauweise zurückgreift. Kein weiteres schmückendes Element muß dem Gesamtbild hinzugefügt werden.

Wohnhäuser, deren Konstruktion gleichzeitig ornamentale Wirkung ist.

Eingebunden in die natürliche Umgebung spiegelt die Tiefenstaffelung aller vier Hausseiten die vielschichtige Raumaufteilung wider, die nur durch eine solche Bauweise erreicht werden konnte.

Die Möglichkeiten, die eine Skelettbauweise heute zu bieten hat sind umfangreich und variabel; besonders im Zusammenhang mit technischen Neuerungen und den Erfahrungen, die auf tradierten handwerklichen Fähigkeiten beruhen. Die optimale Verarbeitung und Nutzung von natürlichen Materialien führen dabei zu einer besseren Wohnqualität, in der Zielsetzung vergleichbar mit einem Wunschgedanken:

„Die Villa von heute gleicht einer Burg.
Das Haus von morgen liegt offen und frei (…)."

Prof. Walter Dexel

Gemeinsam in den Morgen

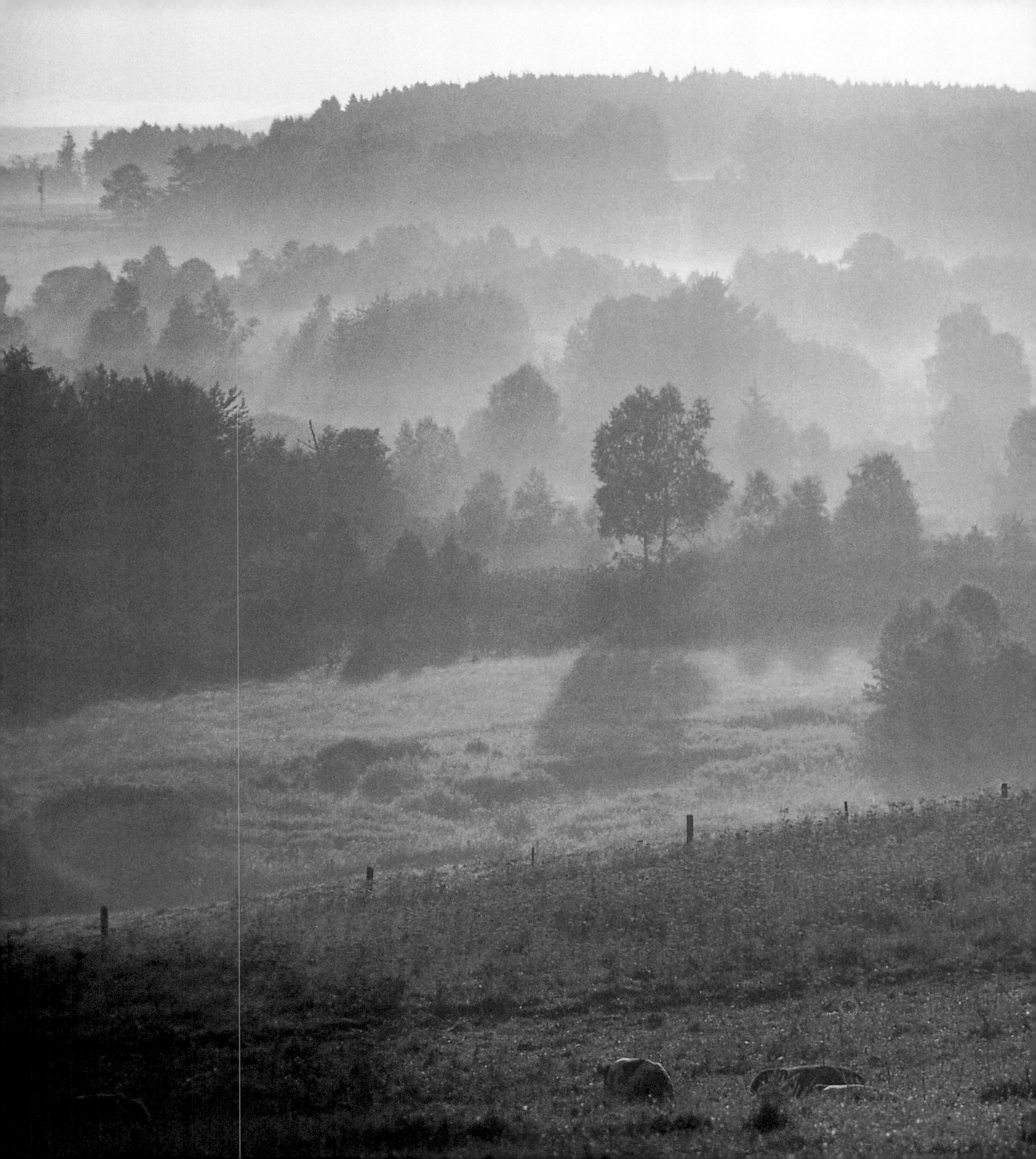

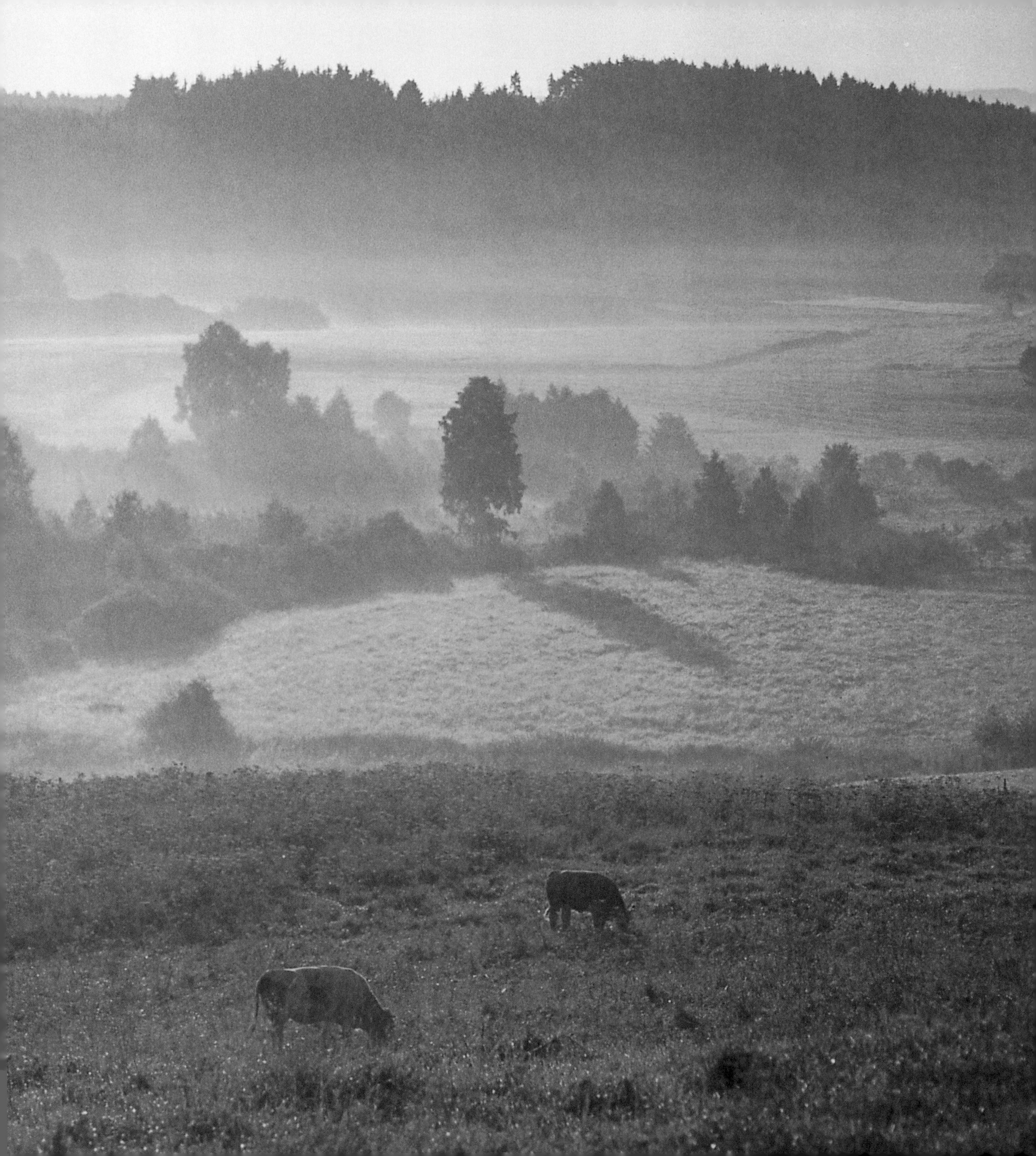

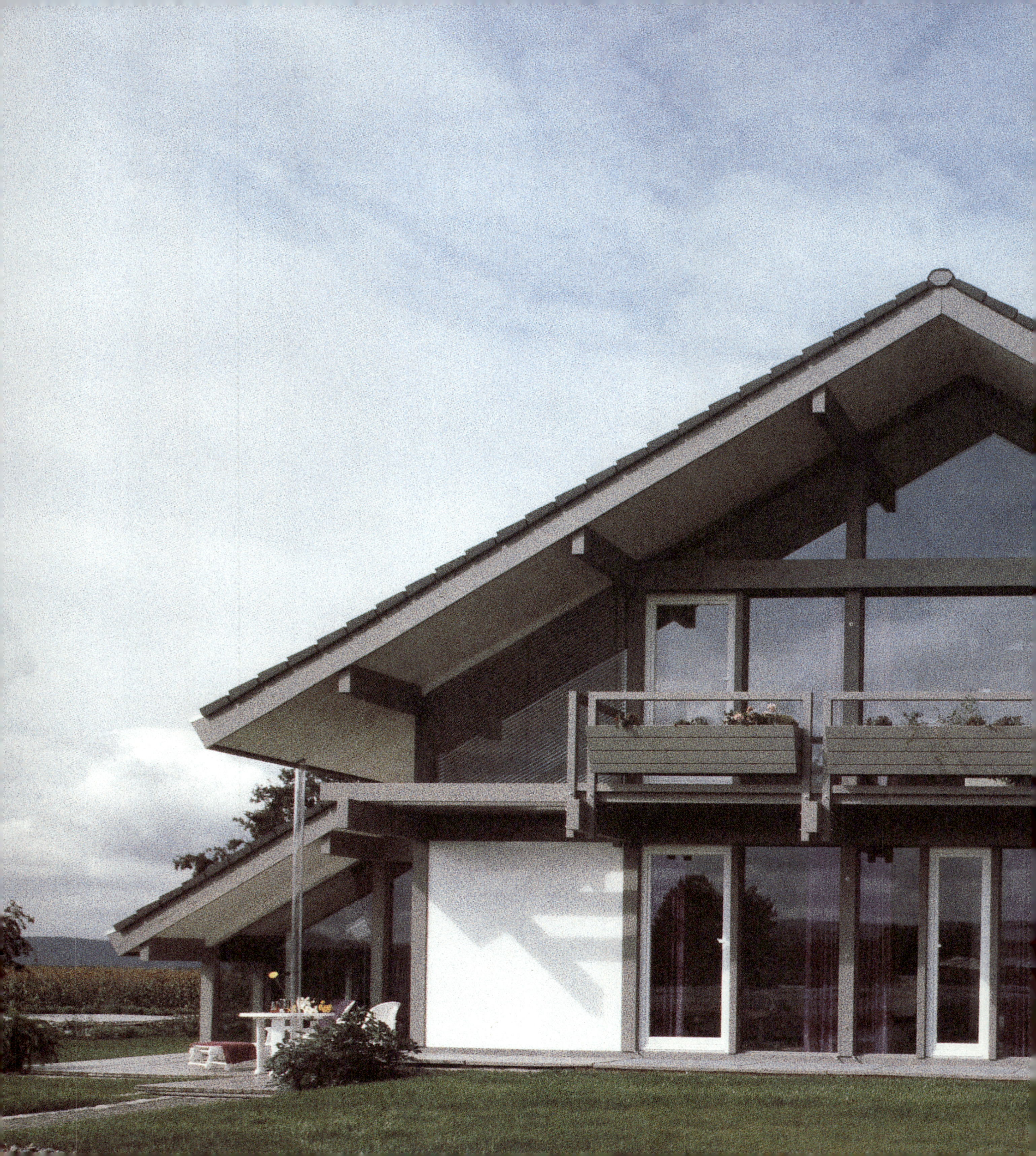

Ein neuer Tag kündigt sich an. Die Luft auf dem Lande ist frisch und die frühen Strahlen der Morgensonne enthüllen nun von neuem das faszinierende Wechselspiel vieler perfekter Formen: Ästhetik des Fachwerks.

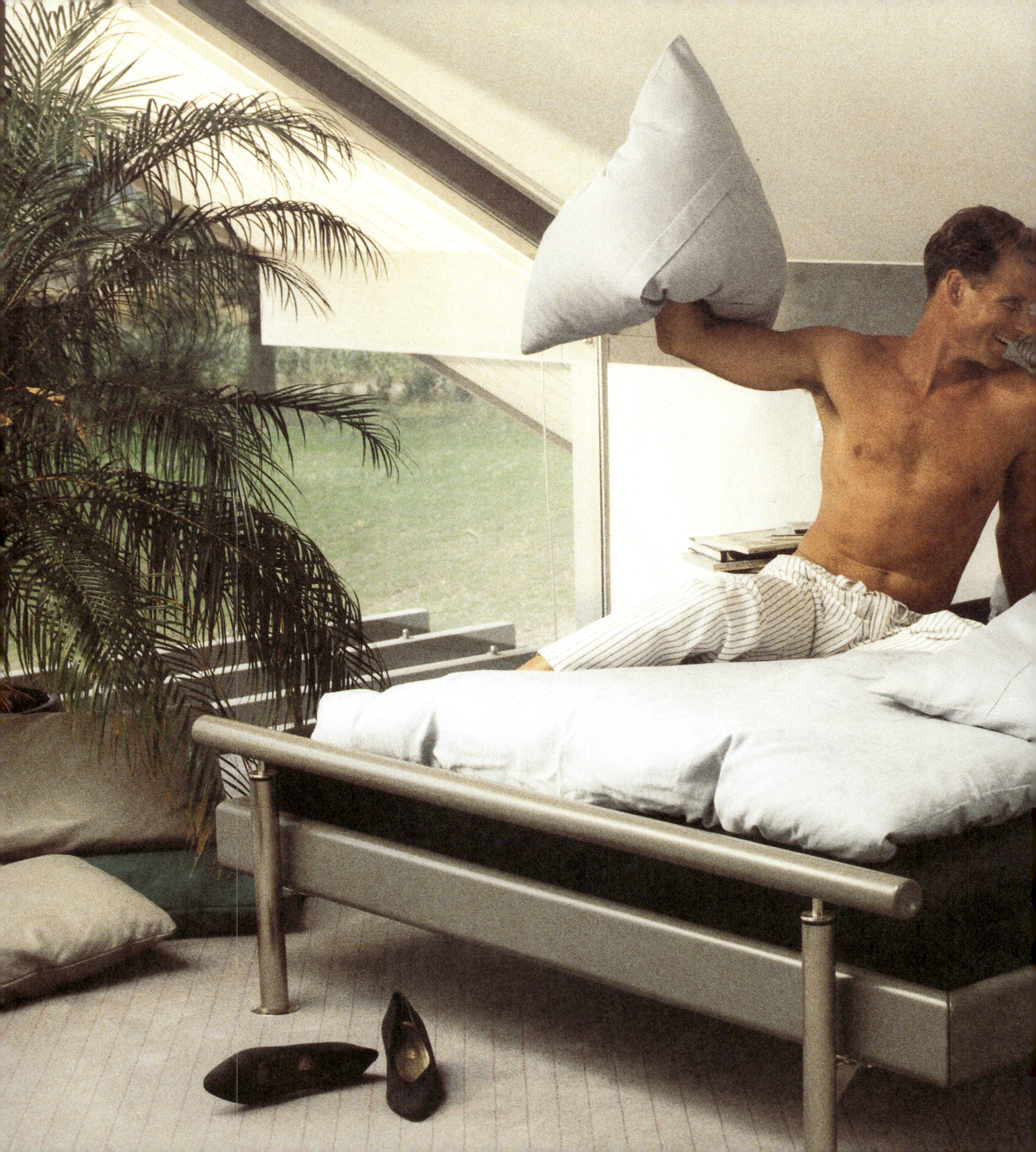

Exklusiver Stil setzt schon Maßstäbe bei der Einrichtung des Schlafzimmers. Keine unnötigen Möbelstücke stören in diesem hellen und freundlichen Ambiente.

Praktische Einbaumöbel oder auch ein ganzer Ankleideraum sorgen dafür, daß das Schlafzimmer allein der Entspannung dient.

Die große Glasfront gibt den Blick auf den Garten frei. Was das Wetter verspricht, läßt sich ganz bequem vom Bett aus beobachten. Klar und aufgeweckt nimmt der Morgen seinen Lauf.

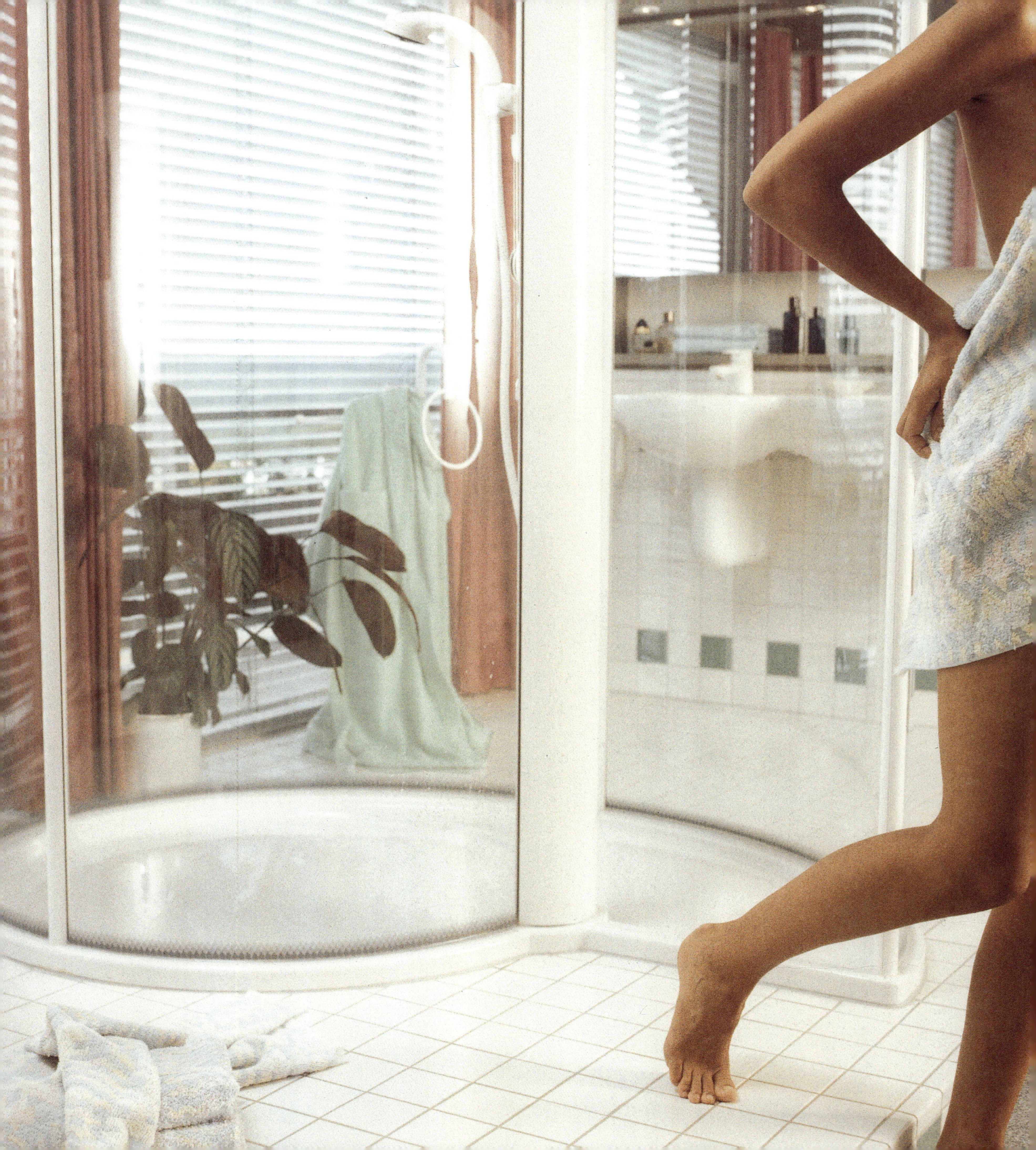

Die moderne Einrichtung des Wohnbades atmet Transparenz, wie alles im Haus.
Wer es bevorzugt, fit in den Tag zu starten, kann sich nach dem Duschen vom Bad aus direkt in die Sauna nebenan begeben. Wenn der Morgen so beginnt, muß der Rest des Tages einfach gut gelingen.

Auch die Küche ist Maßarbeit. Sowohl die Farben als auch alle Geräte und elektrische Einrichtungen sind nach genauen Vorstellungen ausgesucht.

Und die Optik ist entscheidend. Formschön und praktisch müssen die Accessoires in der Küche sein – doch eigenen Stil haben.

Je nach Lust und Laune ist der Frühstückstisch direkt vor dem Eßzimmer auf der Terrasse gedeckt.

Arbeiten zu Hause

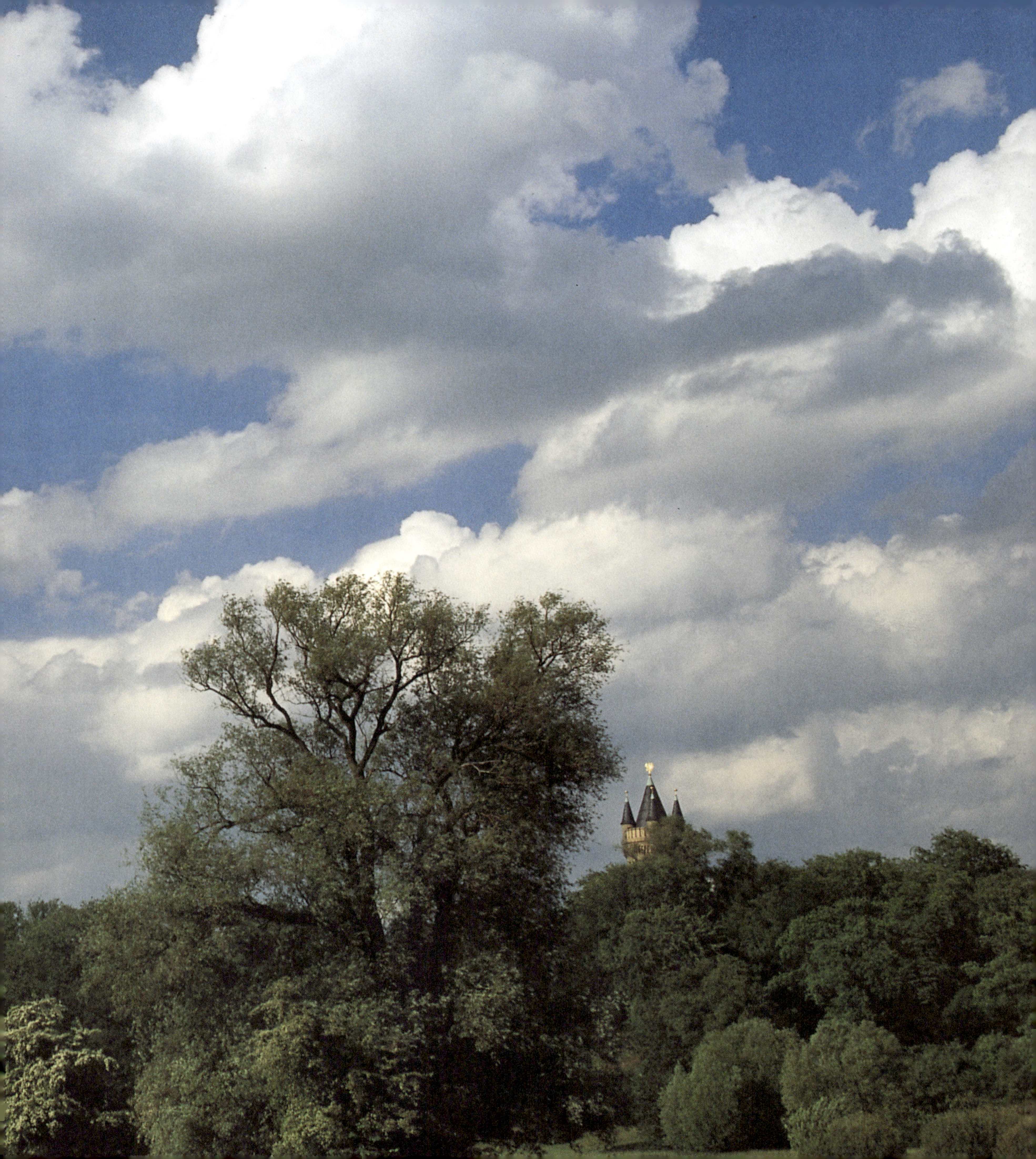

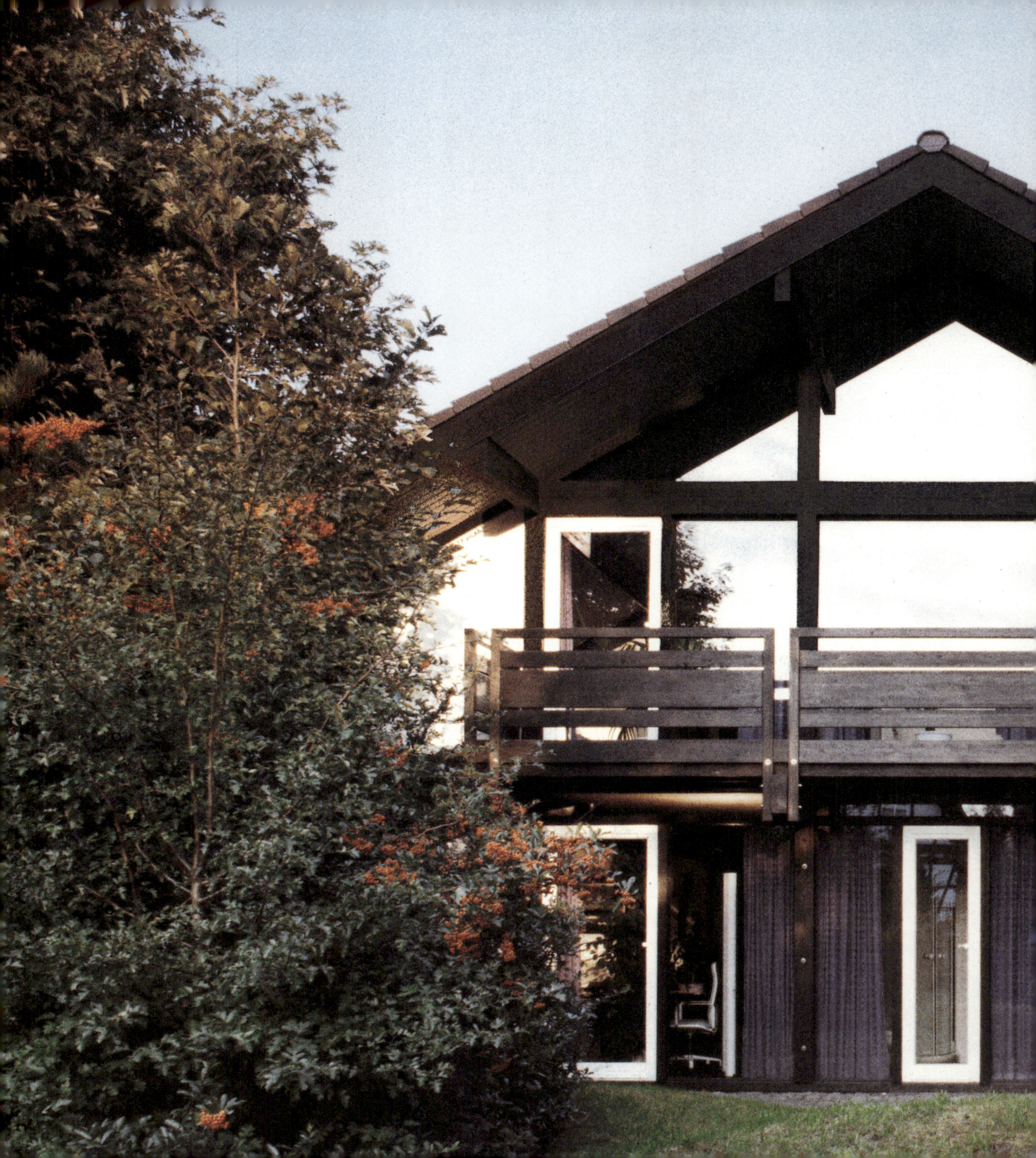

Glücklich, wer daheim arbeiten kann und sein Büro hier eingerichtet hat. Denn er arbeitet jederzeit in jener entspannten Atmosphäre, die Muße, aber auch Konzentration zuläßt.

Konferenzen und Besprechungen spiegeln die Harmonie der Räume wider. Die eigenen vier Wände als Arbeitsplatz: Business – not as usual.

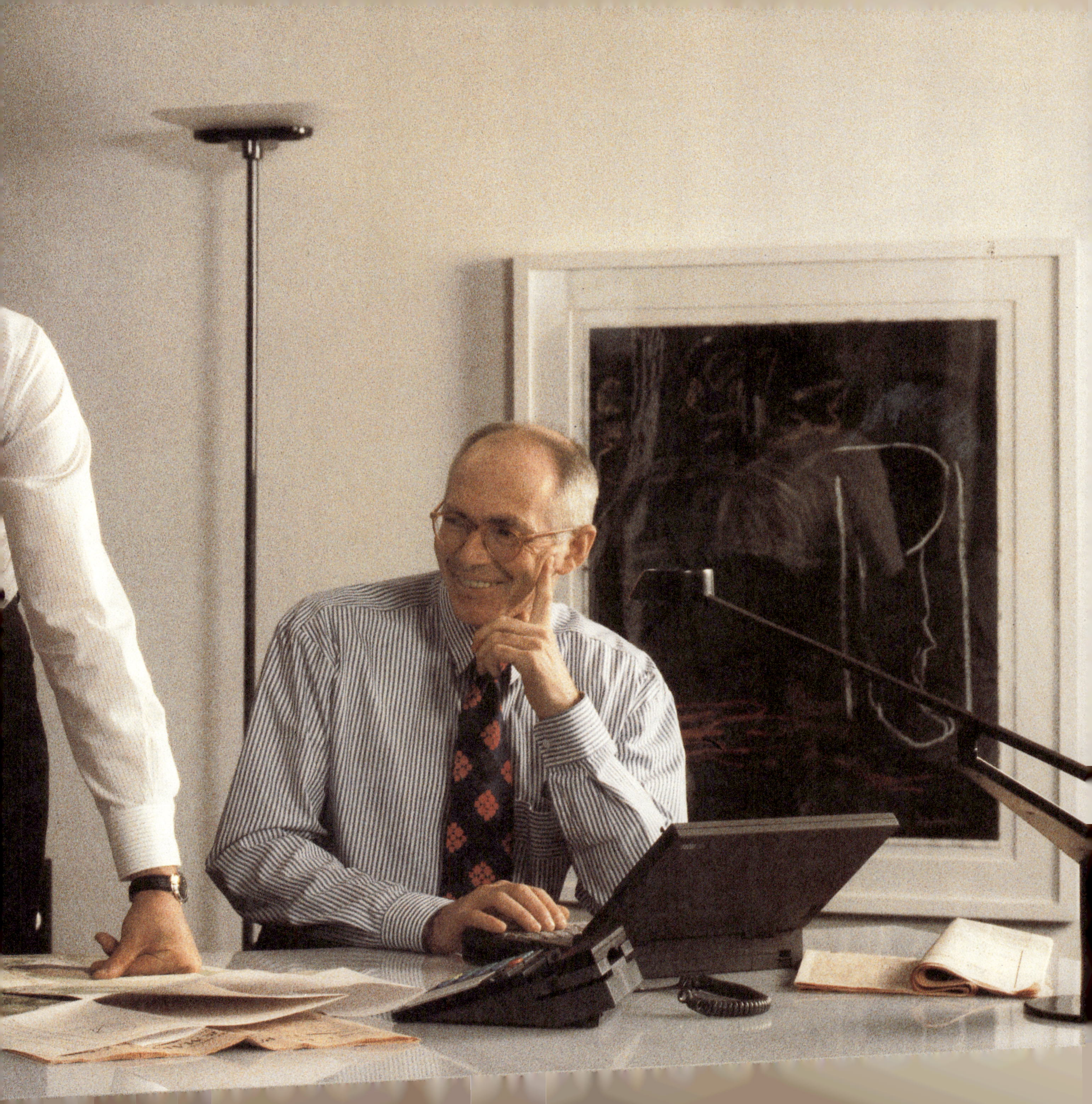

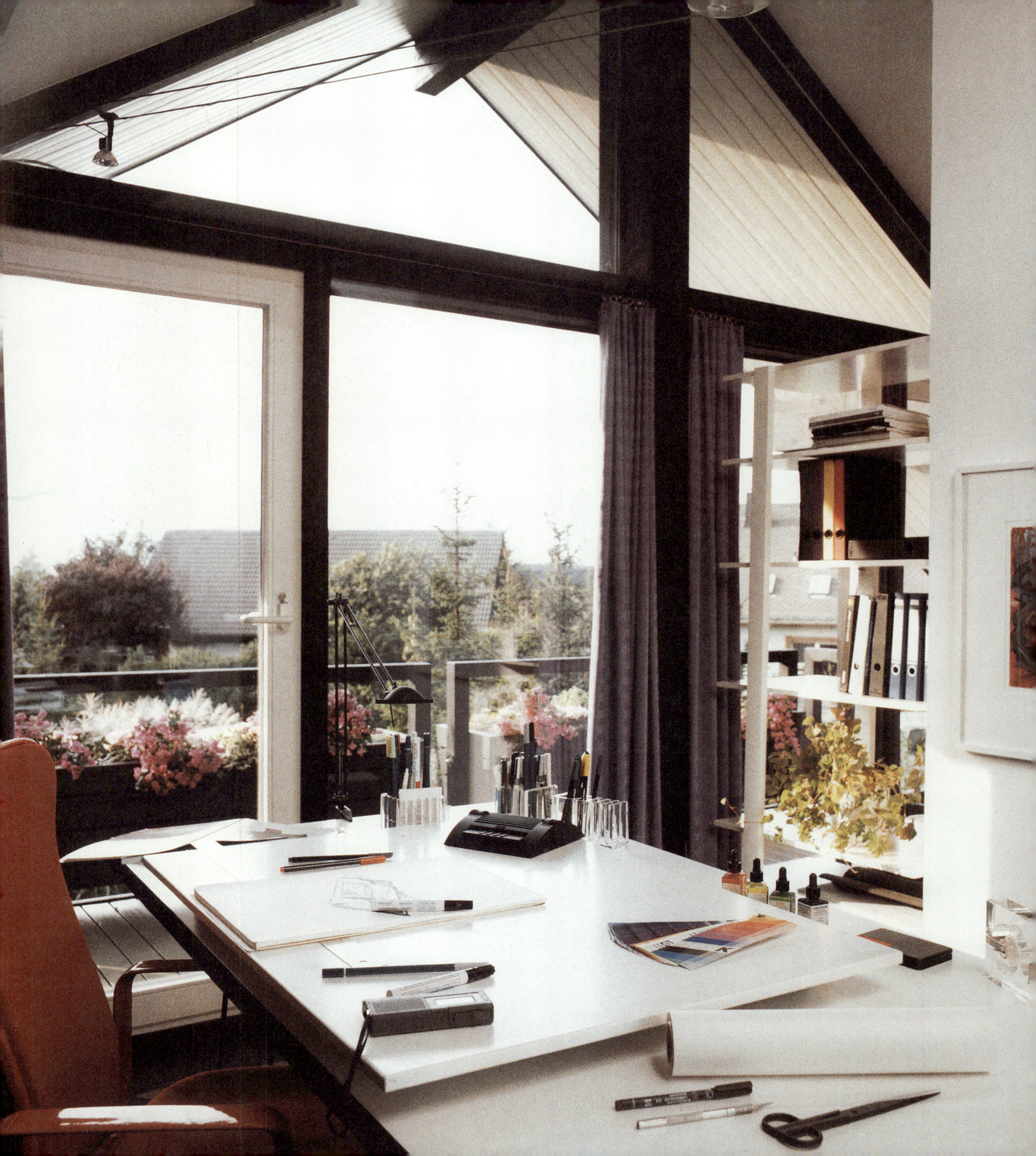

Büro und Arbeitsräume lassen sich auch zu Hause rationell einrichten. Und trotzdem muß man mit seinen vielen Wünschen hinsichtlich eines wohnlichen Ambiente nicht zurückhalten. Die Integration von Licht und Raum ist immer faszinierend.

Das bewegte Schattenspiel und die reflektierenden Sonnenstrahlen verleihen dem Inneren des Hauses zu jedem Tagesabschnitt seine ureigene Atmosphäre. Der Blick weit nach draußen entspannt auch besonders während kreativer Phasen.

Gerade ein modernes Arbeitsklima erfordert ganz spezielle Vorkehrungen. Hier verbreitet eine exakte Lichtführung kein grelles und gleißendes Licht, sondern eine entspannende, auf das Wesentliche konzentrierte Helligkeit.

Auch die aufwendigste Büroausstattung wie Spezialtisch, wie Telexgerät, Telefax und die vernetzte Computeranlage kann in dafür eigens angefertigten Möbelsystemen oder genau konstruierten Arbeitsflächen eingerichtet werden. Alles, damit der Raum nichts von seiner Freizügigkeit verliert.

Arbeiten und leben, der Beruf und die Familie: Konzept des Erfolgs.

Verregneter Sonntag

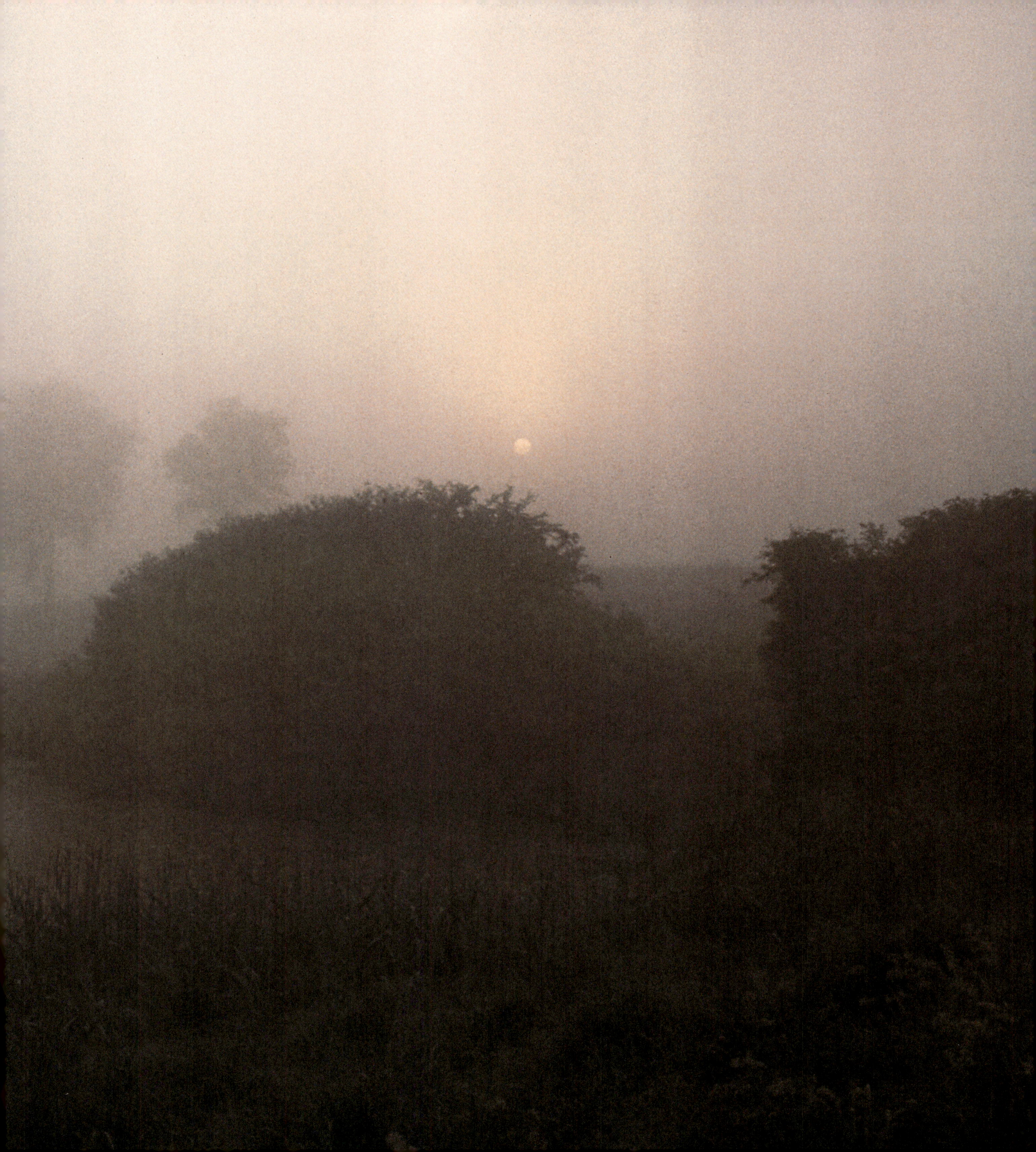

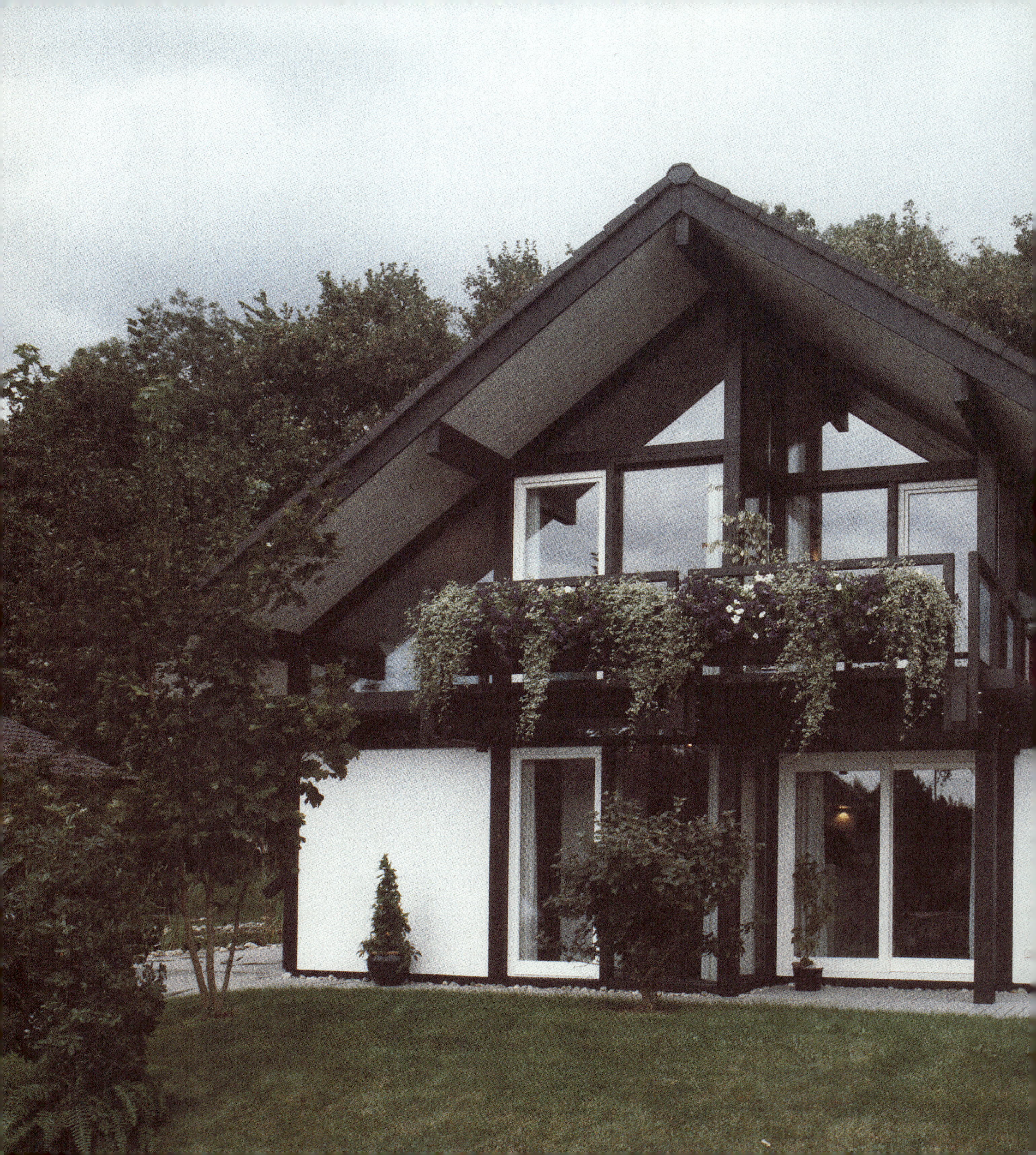

Auch Regentage haben ihren besonderen Reiz in diesem Haus. Denn gerade dann ist es wichtig, daß ein Haus behaglich ist ohne einzuengen. Offene Wohnstrukturen geben das Gefühl von Weite. Die großzügigen, bodentiefen Verglasungen lassen den Blick frei von innen nach außen wandern.

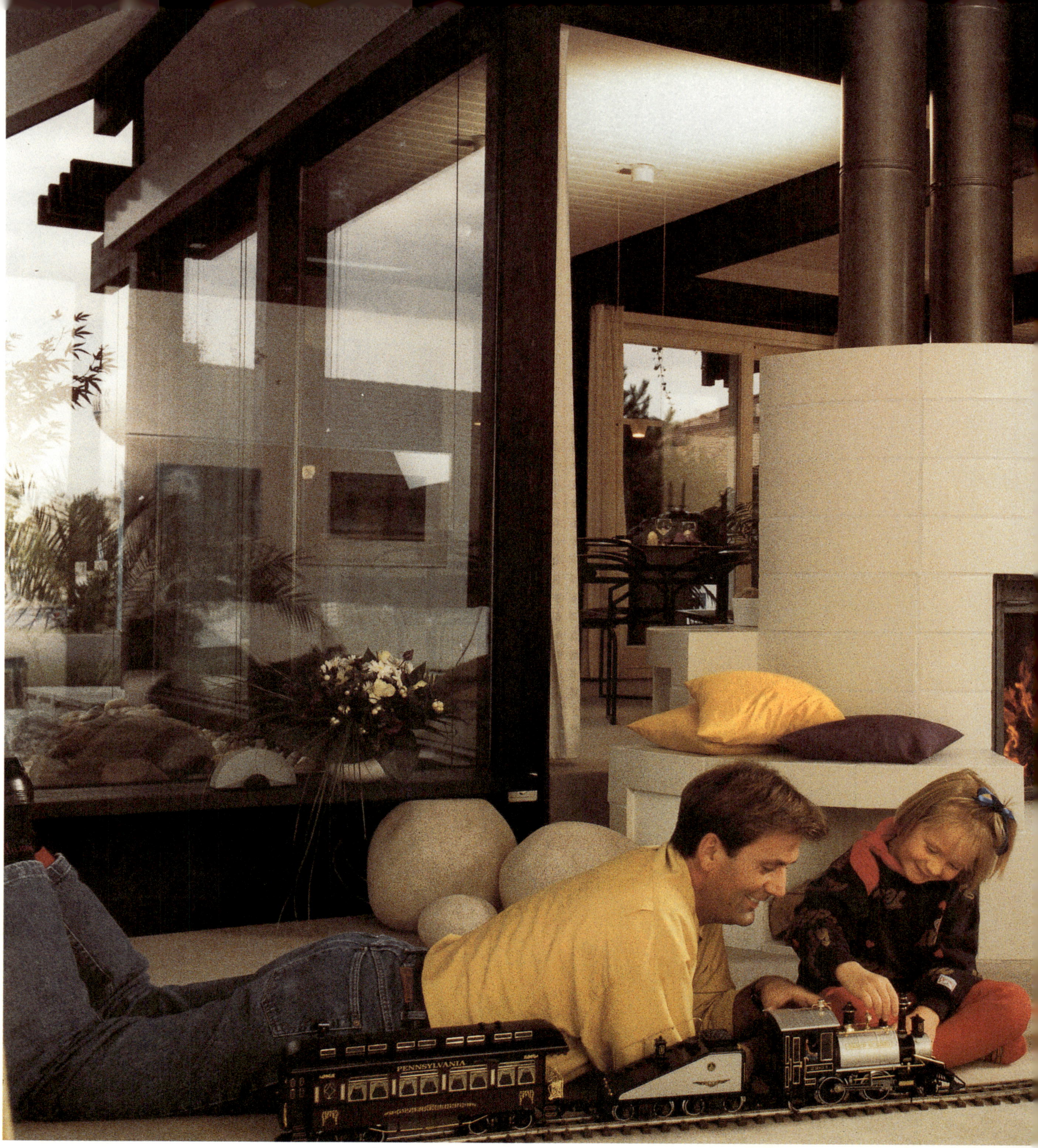
PENNSYLVANIA

Wenn sich die Familie – wie hier – vor dem offenen Kamin versammelt, spürt sie, daß ein liebevoll gestaltetes Zuhause besonders wertvoll ist. Nicht so sehr die Bequemlichkeit allein erzeugt Lebensqualität, sondern vielmehr die Weiträumigkeit, die zu jeder Zeit viel Platz für harmonische Stunden bietet.

Eine großzügige Raumaufteilung erlaubt vielfältige Freizeitaktivitäten.

Ob das Eßzimmer zur Bastelecke oder die Galerie zum Atelier wird – immer wieder zeigt sich, daß diese Häuser für Menschen mit einem ganz eigenen Lebensgefühl geplant sind.

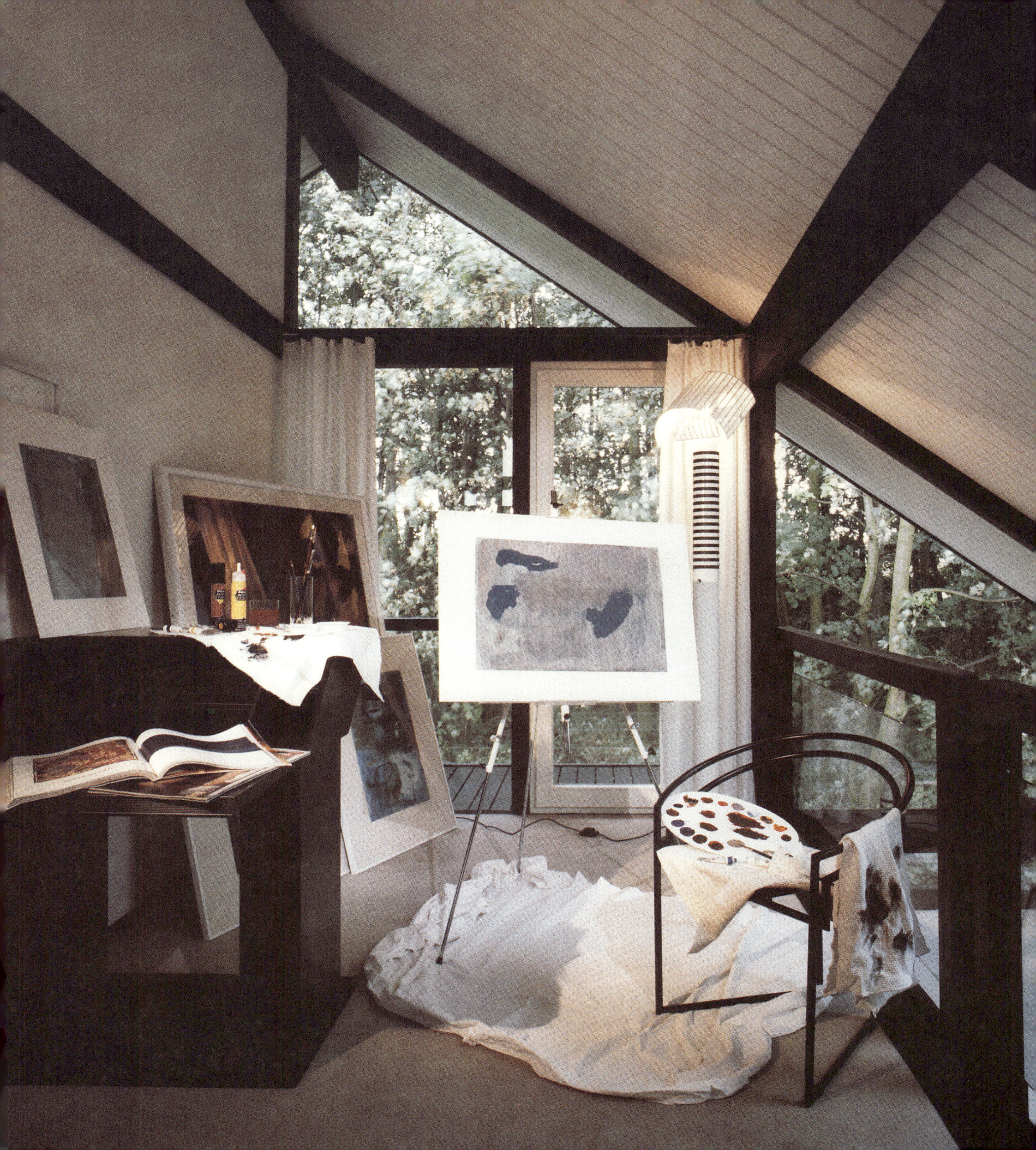

Helle, lichte Räume haben an regnerischen Tagen ein besonderes Flair. Der freie Blick in den natürlichen Außenraum, den eigenen Garten, ist fast aus allen Bereichen des Hauses möglich.

Während der Regen sich durch das transparente Regenrohr windet, sorgt der offene Kamin im Wohnzimmer für behagliche Stimmung und verbreitet Wärme und Duft des prasselnden Holzfeuers im ganzen Haus. So lassen auch sieben Tage Regenwetter das Wohnen zum ganz besonderen Erlebnis werden.

Gartenfest

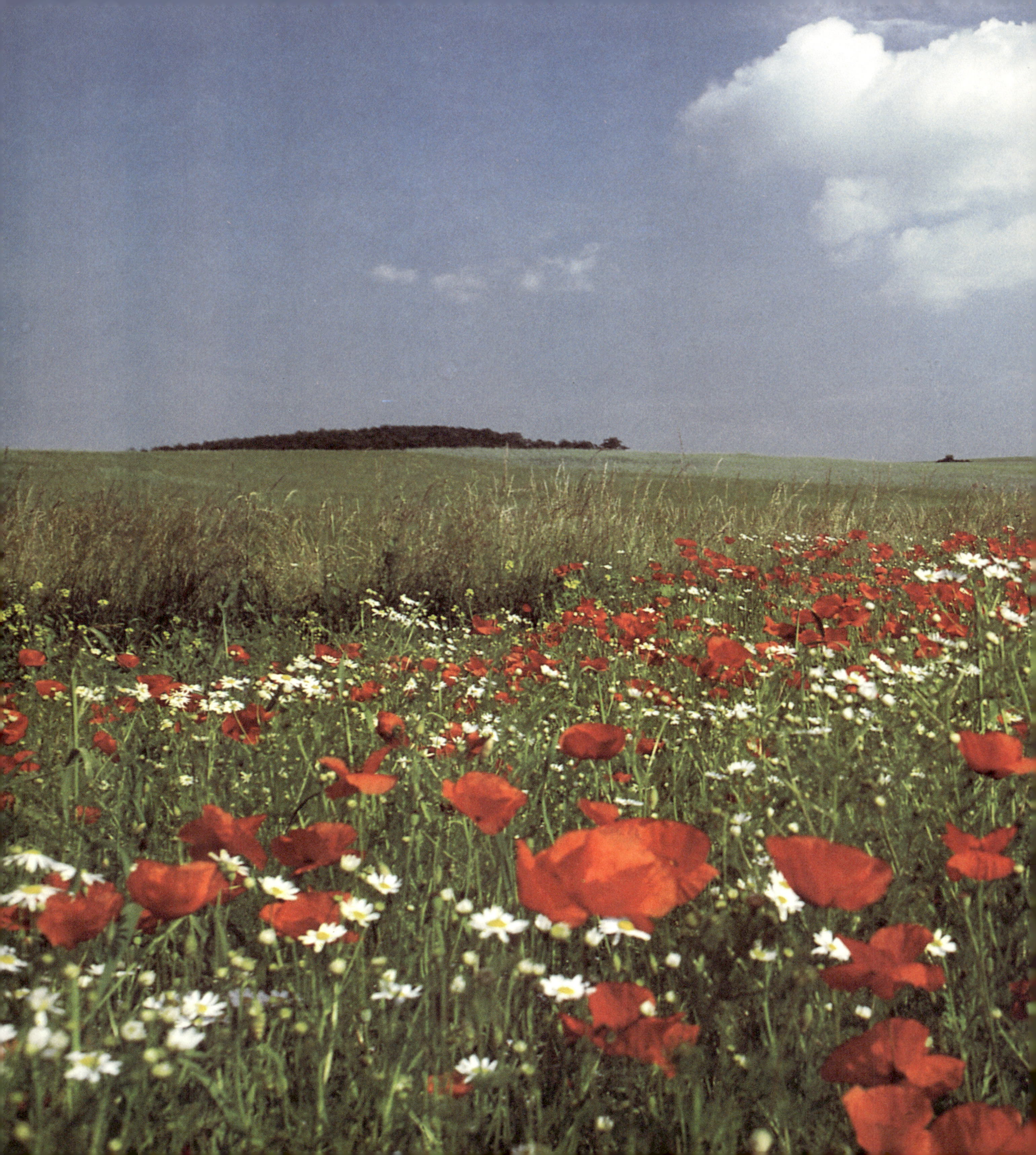

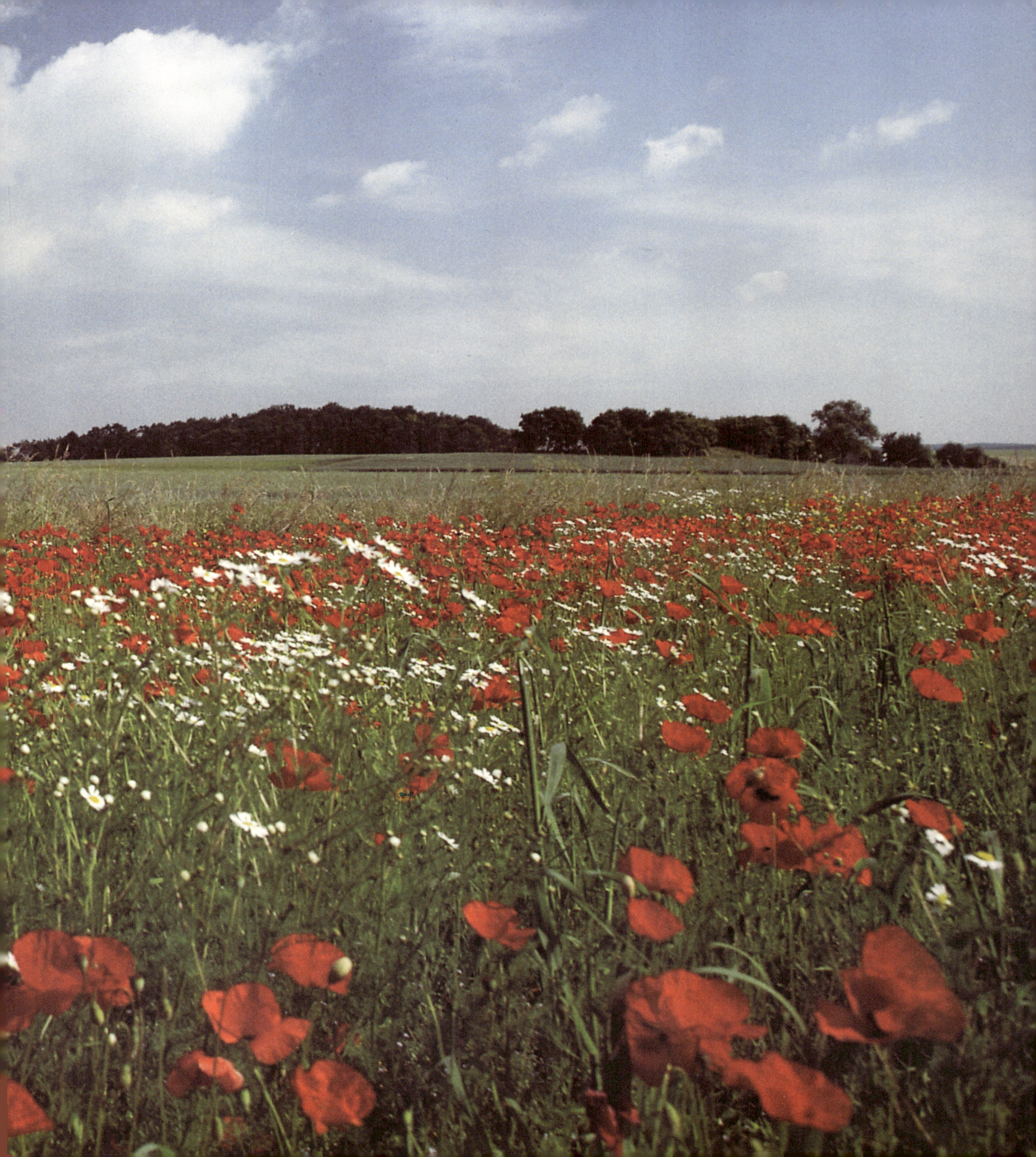

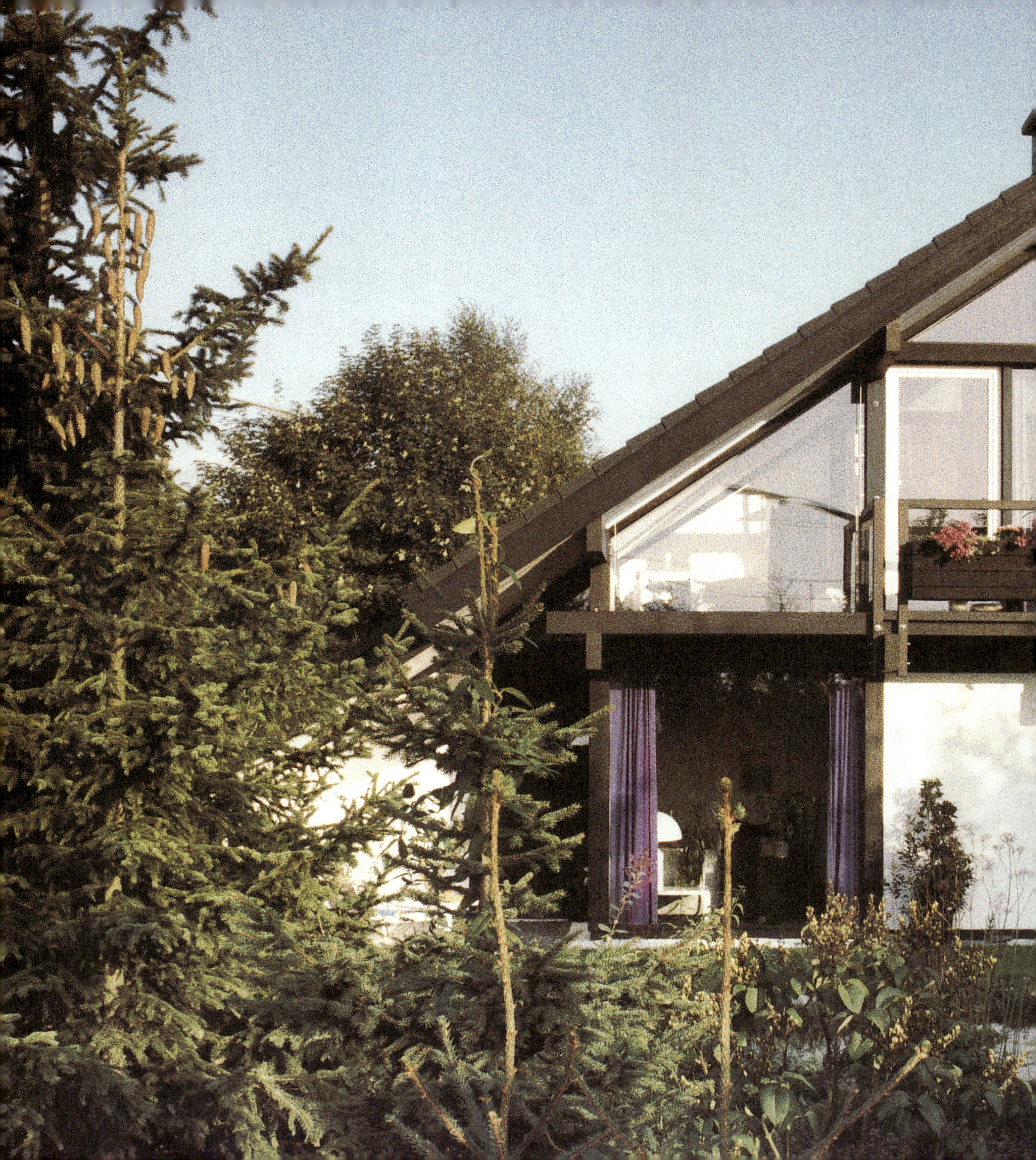

Ein Haus, das so großzügig in die umgebende Landschaft eingebettet werden kann, sorgt stets für gute Laune zu allen Jahres- und auch Tageszeiten. Erst recht bei gemütlichen Partys und bei rauschenden Festen.

In dieser Umgebung bedarf es keiner großen Anlässe, um in Partystimmung zu kommen.
Die großen Verglasungen und Terrassentüren heben die Grenzen von Innen und Außen auf.

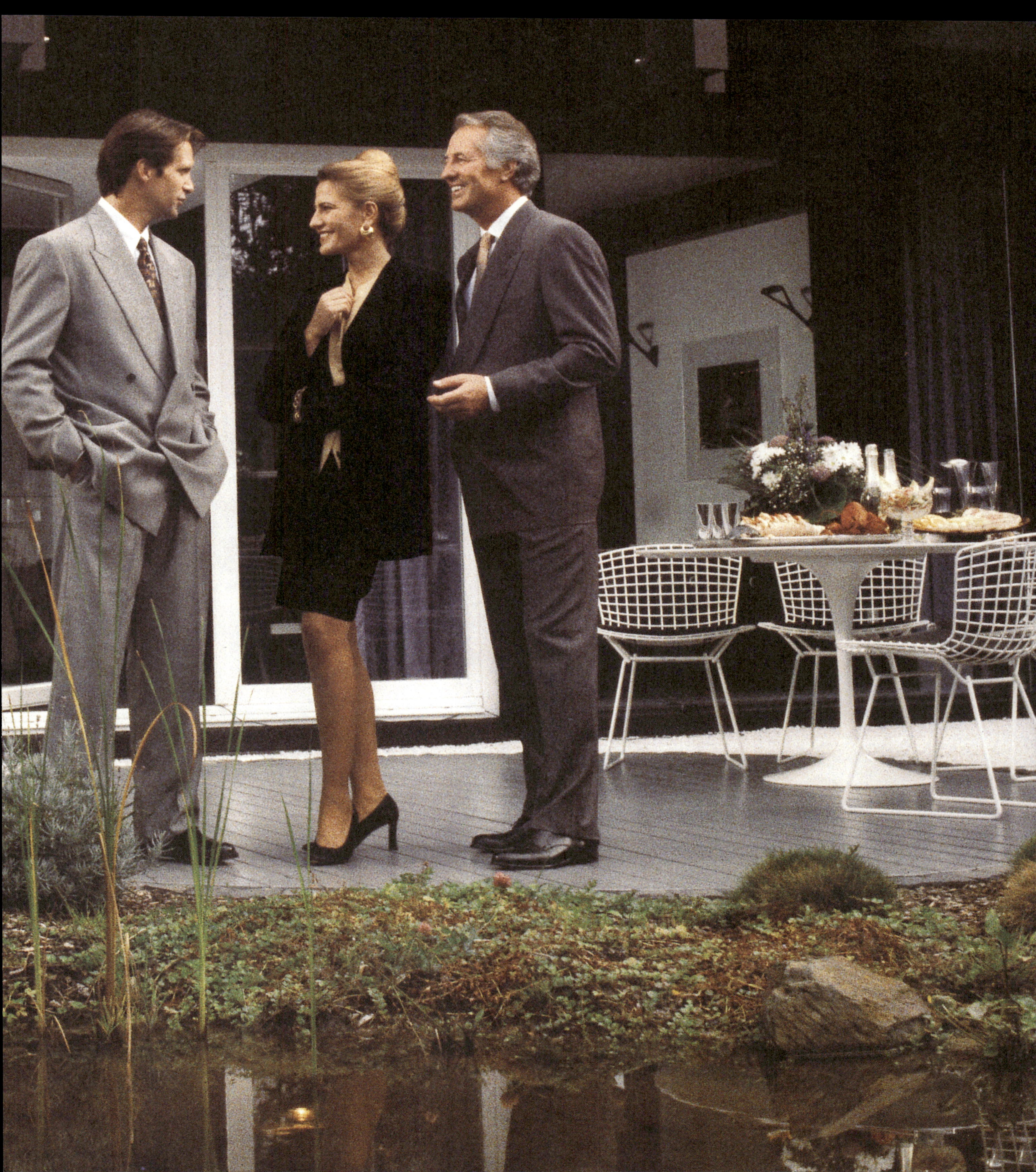

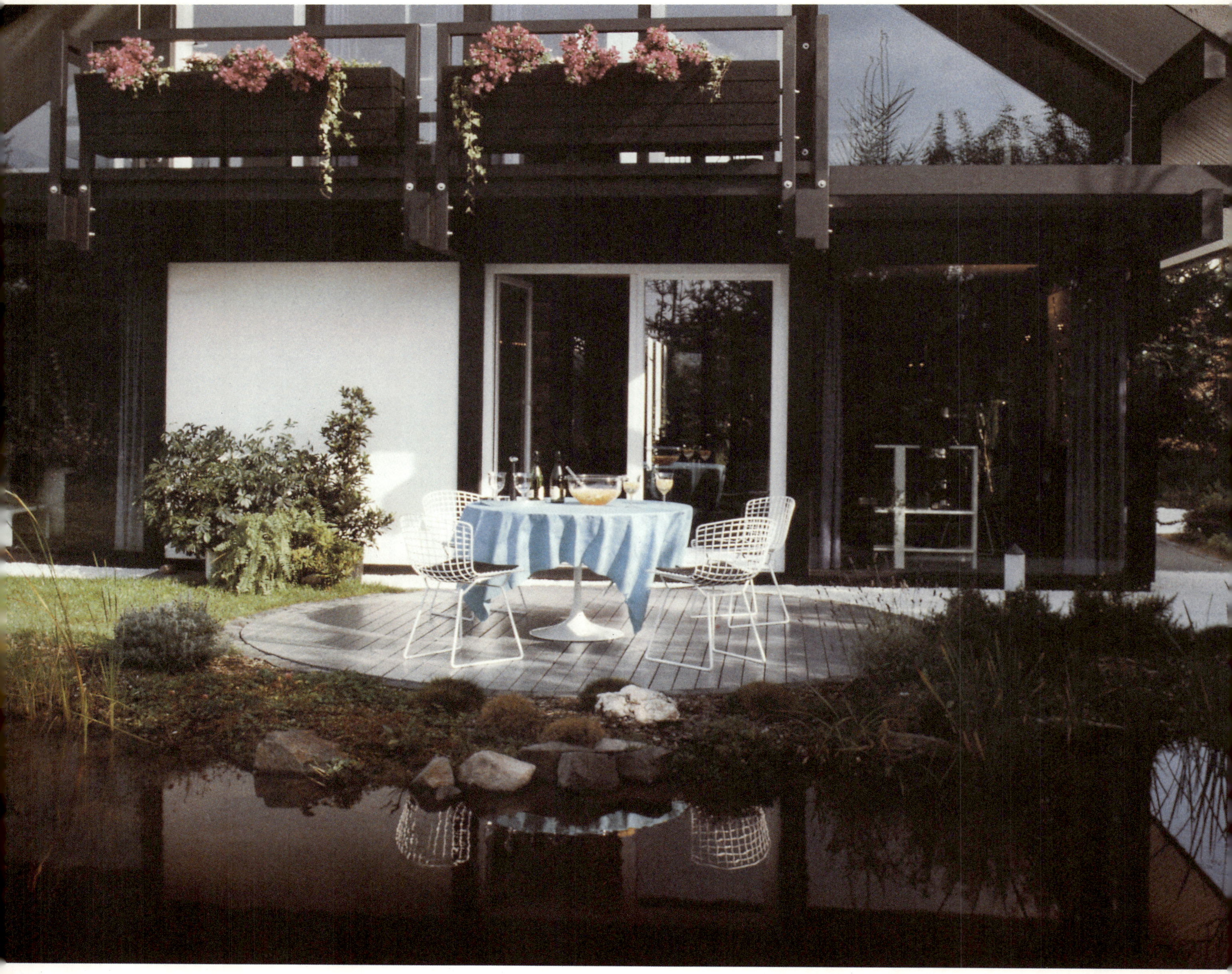

Holz, Glas, Licht und Farben sind die Zutaten für ein faszinierendes Wohnerlebnis. Raffinesse und eine Prise Exklusivität runden den Genuß ab.

Mit viel Gespür für das richtige Zusammenspiel der Einzelteile lassen sich kleine Kunstwerke vollbringen. Die besondere Wirkung der farbig ausgelegten Treppenstufen ist ein Beispiel dafür.

Die Küche ist durch ihre offene Struktur geräumig und funktionell zugleich. Die attraktive Bar ist der beliebteste Treffpunkt für all diejenigen, die mitten im Geschehen sein möchten.

Viel Platz auf der Sonnenseite des Lebens bieten die Balkone, die die Giebelseiten des Hauses prägen. Der Blick von oben auf die Teichanlage zeigt das eigene Biotop mit reicher Fauna und Flora.
Natur, Schönheit und Ästhetik in Harmonie.

Feierabend

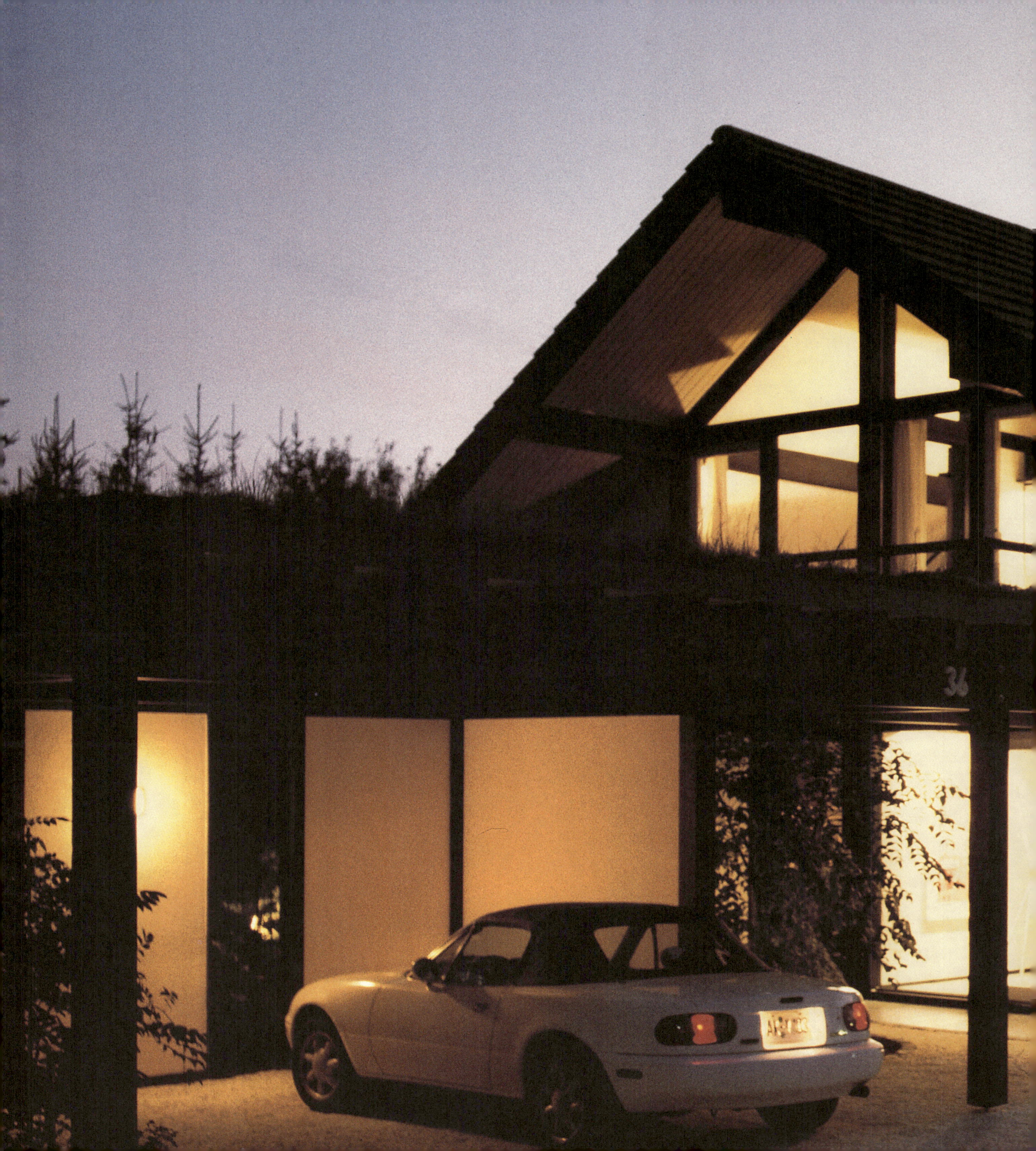
36

Abends, wenn das Haus hell erleuchtet ist, gibt es ein Wiedersehen. Nach Hause kommen ist mehr als „wieder da sein".

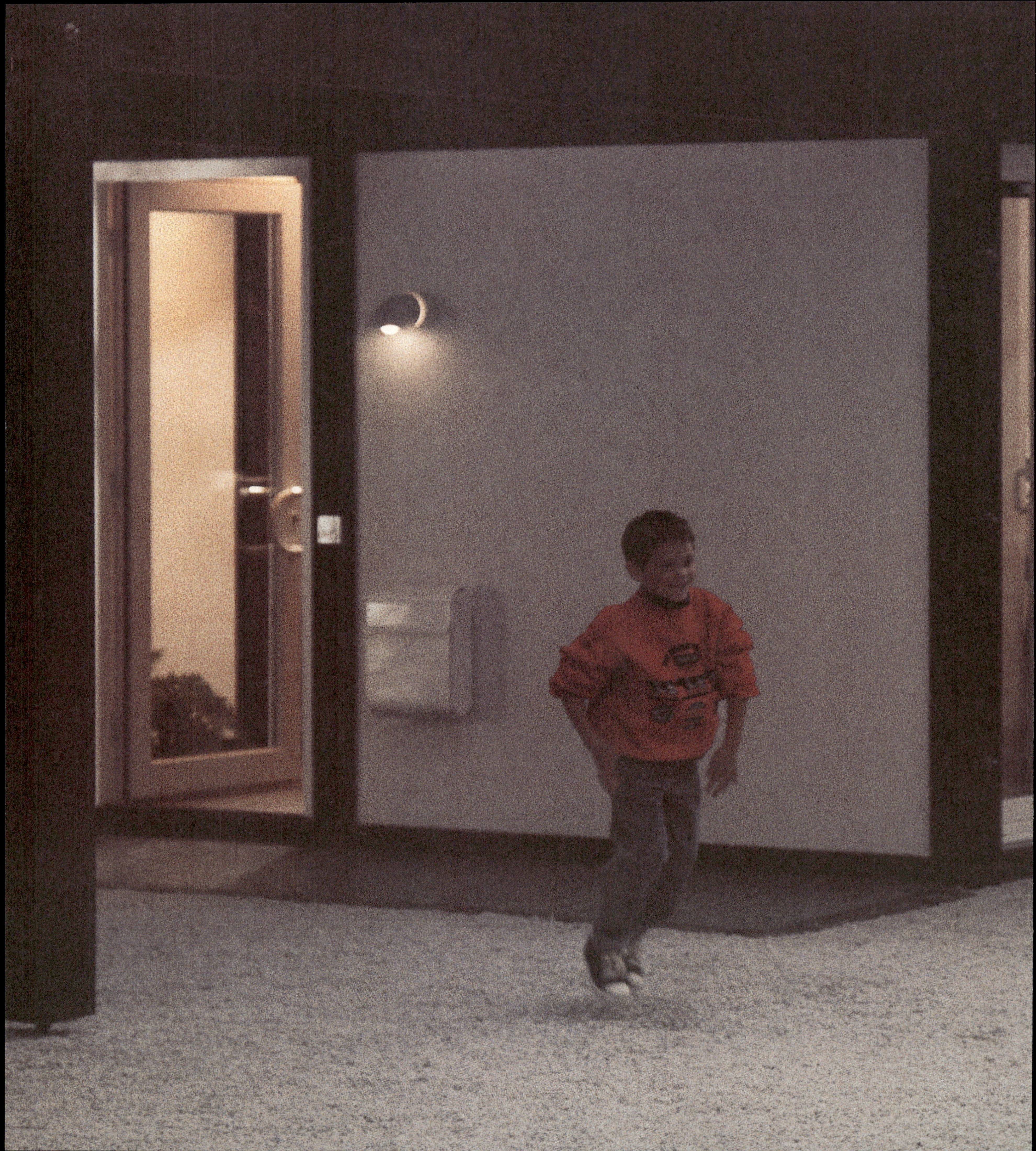

Das schöne Gefühl, nach einem langen Tag erwartet zu werden, steigert sich bis zur Ankunft. Zu Hause ist es leicht, den grauen Alltag hinter sich zu lassen.

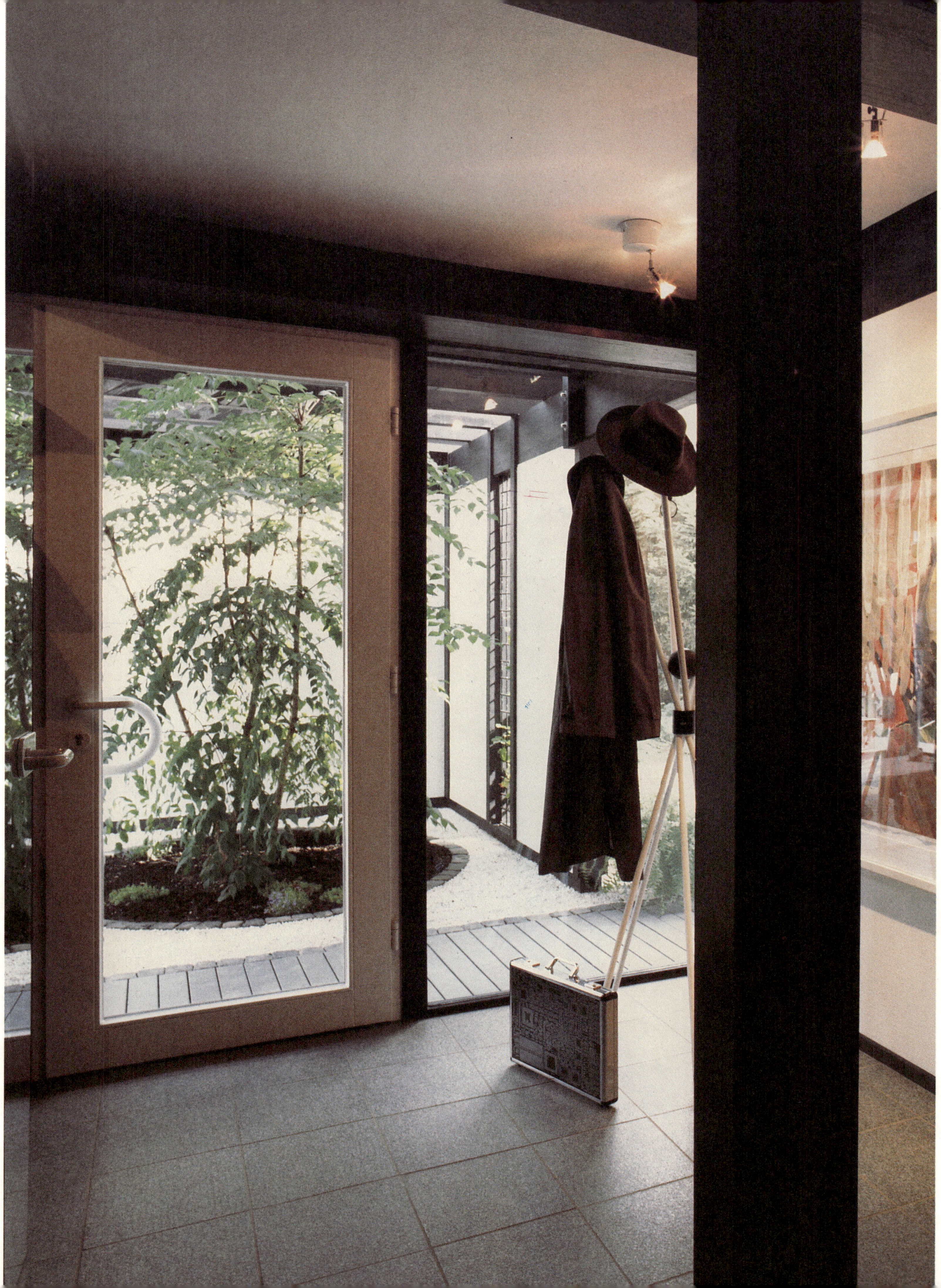

Nichts stört das Bild der Ruhe, wenn man die Tür hinter sich geschlossen hat. Was der Abend bringt, ist noch offen. Aber eines ist gewiß: hier in diesem Haus kann sich ein Traum erfüllen.

Im Design auf das Formenrepertoire des Hauses abgestimmt, ist jeder Kamin von Hand gefertigt. Die außergewöhnlichen Formen zeugen von der Einzigartigkeit – Unikate fast zum Sammeln.
Kamine und Kachelöfen zeigen ihre praktische Seite vor allem im Frühjahr und im Herbst, wenn sie ihre wohlige Wärme im ganzen Haus verbreiten.

Bis unter das Dach herrscht eine faszinierende Atmosphäre. Wer das Wechselspiel von dunklem Fachwerk und hellen Flächen beobachtet, spürt die Ästhetik, die dieses Haus auszeichnet.

Die Fotografen

Christof Piepenstock

Spricht man ihn auf seinen Beruf an, antwortet der in München geborene Fotograf eher wortkarg. Er fotografiere am liebsten im natürlichen Licht, sagt Christof Piepenstock, der einen alten Bauernhof auf Mallorca und ein modernes Atelier in Schwabing besitzt. „Licht ist sinnlich". Diese Erfahrung machte er auf seinen vielen Auslandsreisen, vor allem aber in Mexiko, wo ihn das Licht und die Weite des Himmels begeisterten.

„Dieses Haus fasziniert mich."

Klaus Kampert

Klaus Kampert ist seit 10 Jahren freier Fotograf. Er kam über Malerei und plastisches Gestalten zur Fotografie. Zuerst Autodidakt, gelang es ihm bald mehrere Assistenzen bei bedeutenden Fotodesignern zu erhalten. Heute entstehen in seinem eigenen Studio in Düsseldorf und während vieler Auslandsproduktionen Fotografien für Bereiche der Mode, Kosmetik und die vielen anderen Projekte, mit denen er sich international einen Namen gemacht hat.

„Für Menschen, die hier wohnen, bedeutet der Begriff ‚Design' mehr als nur Mode."

Anselm Spring

Anselm Spring gehört zu den Menschen, für die Imagination und Realität, die Weite der Vision, aber auch die Nähe ihrer Verkörperung nicht voneinander getrennt sein dürfen. Er glaubt an die Möglichkeit, als Individuum mit wenigen Bildern alles das über ein „Ding" aussagen zu können, was er von seinem persönlichen Standpunkt aus erkannt hat: „Ich möchte meine Sicht von Dingen vermitteln, als Fotograf, der vom LICHTBILD fasziniert ist."

„Das Bild bleibt stets Abglanz der wahren Wirklichkeit."